In der Serie
HEYNE-ANTIQUITÄTENBÜCHER
sind außerdem erschienen:

Möbelstilkunde · 4324
Porzellan · 4340
Zinn · 4358
Gläser · 4370
Bauernmöbel · 4391
Englische Möbel · 4400
Jugendstil · 4409
Silber · 4414
Teppiche · 4428
Faustfeuerwaffen · 4436
Spielzeug · 4440
Art Déco · 4445
Uhren · 4448
Afrikanische Kunst · 4454
Gewehre · 4463
Antiquitäten als Kapitalanlage · 4467
Deutsche Möbel des Barock und Rokoko · 4469
Netsuke · 4474
Gründerzeit · 4479
Münzen des Mittelalters und der Neuzeit · 4485
Böhmische Gläser · 4492
Schmuck · 4501
Alter Hausrat · 4507
Antike Kleinkunst · 4516
Gobelins · 4523
Biedermeier · 4530
Antiquitäten als Hobby · 4538
Deutsche Fayencen · 4545
Chinesisches Porzellan · 4552
Asiatica · 4565
Münzen des Altertums · 4569
Meißner Porzellan · 4577
Lampen 1890–1930 · 4581
Französische Möbel · 4586
Englische Kleinkunst · 4610
Küchengeräte · 4616
Thonet-Möbel · 4634
Deutsche Orden · 4641
Medaillen und Plaketten · 4647
Jade · 4678
Dekorative Grafik · 4706

CHRISTIAN VON FABER-CASTELL

ALTE
BÜCHER

Mit über 180 Fotos und Zeichnungen

Originalausgabe

WILHELM HEYNE VERLAG
MÜNCHEN

HEYNE-BUCH Nr. 4713
im Wilhelm Heyne Verlag, München

Wir danken dem Antiquariat Wölfle, Amalienstraße 65,
und der Firma Appel & Richmond, Türkenstraße 26,
beide München, für die freundliche Unterstützung
bei der Gestaltung des Umschlags

Copyright © 1980 by Wilhelm Heyne Verlag, München
Printed in Germany 1980
Umschlagfotos: Dieter Hinrichs, München
Umschlaggestaltung: Atelier Heinrichs & Schütz, München
Satz: Schaber, Wels/Österreich
Druck und Bindung: Ebner Ulm

ISBN 3-453-41374-1

Inhalt

Meiner Mutter
und Barbla gewidmet

Einleitung

Wohl kaum einer anderen Sammelleidenschaft begegnet der Außenstehende mit mehr Vorurteilen und Skepsis als der des Büchersammelns, reichen die damit verbundenen Vorstellungen doch vom verschrobenen Bücherwurm bis zum eitlen Prahler mit möglichst vielen Laufmetern Buchrücken an den Wänden. Die Wirklichkeit sieht jedoch noch viel schlimmer aus: Büchersammeln ist nicht nur eine Leidenschaft — es ist geradezu eine Krankheit: Wer einmal mehrere Büchersammler — zum Beispiel an einer Auktion — eifersüchtig um dasselbe Werk hat zanken sehen, wer ihr »Jägerlatein« über eine außergewöhnliche Eroberung belauschen oder die verklärte Miene eines Sammlers beobachten konnte, der gerade einem Opfer seine Schätze in ermüdender Ausführlichkeit vorstellt, der begreift, warum der große französische Bibliophile Charles Nodier für diese Leidenschaft den Begriff »Bibliomanie«, Büchersucht, geprägt hat.

Es gibt nun einmal Sammler- und Nichtsammlernaturen, genauso wie musikalische und unmusikalische Menschen, und die Bibliophilie, wie man die »gesunde« Bücherliebhaberei nennt, scheidet diese beiden Naturen offenbar besonders scharf voneinander, und ich bin davon überzeugt, daß der leidenschaftliche Sammler glücklicher durchs Leben geht, als jener, der diese Begeisterung nie erlebt.

Büchersammeln heißt ja nicht nur, mit der Geistesgeschichte und ihren bestimmenden Figuren, ja, der menschlichen Vergangenheit überhaupt, in lebendige Tuchfühlung zu kommen und dabei Verantwortung zu übernehmen für die Erhaltung und Überlieferung wertvollen Kulturgutes, es bedeutet auch ständiges Jagen, Suchen und beglückendes Finden.

Das vorliegende Buch wendet sich an alle Freunde des alten Buches, ganz besonders natürlich an die angehenden Sammler unter ihnen. Es möchte die Grundlagen der Bibliophilie aufzeigen und dem Neuling jenen Wissensgrundstock vermitteln, der ihm von Beginn an ein erfolgreiches Sammeln sowie das Verständnis der weiterführenden Literatur ermöglicht. In einem solchen Bändchen kann natürlich nicht alles, was von Bedeutung ist, auch nur gestreift, geschweige denn behandelt werden. Seiner praxisorientierten Zielsetzung entsprechend wurden daher — im Gegensatz zu manchen früheren Werken über die Bibliophilie — die historischen Aspekte des Themas soweit dies zu verantworten war gerafft.

Um das Buch über seinen Einführungscharakter hinaus möglichst vielseitig verwendbar zu machen, wurden Inhaltsverzeichnis und Sachwortregister so gestaltet, daß ein schneller und direkter Zugang zu der gewünschten Information gewährleistet ist. Entsprechend wurde Wert darauf gelegt, die verschiedenen Unterabschnitte so zu gestalten, daß sie auch außerhalb des Gesamtzusammenhanges lesbar sind. Schließlich wurde noch ein ausführliches Verzeichnis benutzter und weiterführender Werke angefügt; hier wird der Leser auch Literatur zu jenen Themen finden, deren Behandlung im Text zu kurz kommen mußte.

Für die zahlreichen eingestreuten Abbildungen war in erster Linie deren Aussagegehalt entscheidend; dabei wurden weniger jene Beispiele berücksichtigt, die der Sammler heute höchstens noch in öffentlichen Sammlungen bestaunen, aber kaum je selbst erwerben kann, sondern vielmehr solche, die das gegenwärtig erhältliche Angebot widerspiegeln und dem Sammler tatsächlich zugänglich sind. So stammen insbesondere die zu den einzelnen Sammelgebieten gezeigten Objekte entweder aus meiner eigenen Sammlung oder aus dem Antiquariatshandel der letzten fünf Jahre.

Es bleibt mir noch die angenehme Pflicht, Fräulein Irene Hildebrand herzlich für ihre umsichtige Erstellung der Reinschrift und manche wertvolle Anregung zu danken.

Kleine Geschichte
des gedruckten Buches

Der folgende knappe Abriß der geschichtlichen Entwicklung des Buchwesens von Gutenberg bis zur heutigen Zeit beschränkt sich auf jenes Minimum, das jedem, der viel mit Büchern zu tun hat, bekannt sein sollte. Eine ausführlichere Behandlung der geschichtlichen Grundlagen des gedruckten Buches verbietet sich hier nicht nur aus Platzgründen, sondern ist für Bücherliebhaber auch gar nicht erforderlich: Jeder, der in den Bann eines Sammelgebietes gerät, eignet sich selbständig die entsprechenden historischen Kenntnisse an. Zudem gibt es ja bereits ausreichend Literatur über die Geschichte des Buchdrucks, die, falls vergriffen, auch in Antiquariaten immer wieder auftaucht.

1. Vorläufer des gedruckten Buches

Die älteste Form, in der geschriebene Aufzeichnungen aufbewahrt wurden, dürfte, neben steinernen Inschriften und gebrannten Tontäfelchen, die von den Ägyptern bereits vor über 5000 Jahren benützte Papyrusrolle sein. Diese war bei den Griechen noch bis ins ausgehende erste Jahrtausend nach Christus in Gebrauch und konnte zuweilen auch aus Leder, Pergament, ja sogar dünnem Kupferblech bestehen. Den bis über 20 Meter langen, quer oder senkrecht beschriebenen Rollen stehen in verschiedenen asiatischen Kulturen noch andere »Buchformen«, wie die Faltbücher von Sumatra oder die indischen Lamellenbücher, gegenüber. Wir wollen uns hier jedoch ganz auf die Entwicklung des Buches in der westlichen Welt beschränken, wo bereits zu Beginn unserer Zeitrechnung eigentliche Bücher im Gebrauch waren, die aus zwei (Diptychon) oder mehreren (Polyptychon), durch Ringe oder Riemchen an einer gemeinsamen Kante verbundenen Holztäfelchen bestanden. Diese Täfelchen waren mit einer dünnen Wachsschicht überzogen, in welche mittels eines Griffels, des sogenannten Stilus (daher unser Begriff »Schreibstil«), der Text eingeritzt wurde. Derartige aus mehreren Holzscheiben beste-

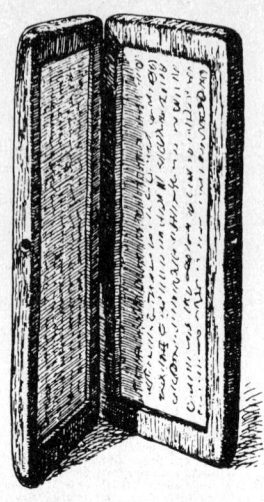

Wachsbeschichtete Schreibtäfelchen als zweiseitiges »Notizbuch«, wie es von Griechen und Römern benutzt wurde; geschrieben wurde mit dem »Stilus«, einer Art Griffel, mit dessen stumpfem Ende man auch »radieren« konnte.

hende Bücher nannte man auch »Codex« (codex, lat. = Baumstamm). Schon im 1. Jahrhundert n. Chr. wurden die geritzten Holztafeln durch beschriebene Pergamentblätter ersetzt, die durch zwei äußere, oft lederüberzogene Holzdeckel geschützt waren. Damit war die uns vertraute äußere Form des Buches lange vor der Erfindung des Buchdruckes geboren.

Übrigens gab es schon im frühen Jahrhundert, also vor Gutenberg, gedruckte Bücher, deren Text allerdings nicht mit beweglichen Einzellettern, sondern zusammen mit den jeweiligen Abbildungen als ganzseitiger, oft nachträglich kolorierter Holzschnitt gedruckt wurde. Diese ohne Druckpresse, nur durch Abreiben der Buchseite vom eingefärbten hölzernen Druckstock hergestellten »Blockbücher« gehören zu den Raritäten im Antiquariatshandel; sie tauchen heute praktisch nur noch in öffentlichen Sammlungen auf. Wir haben uns hier jedenfalls nicht weiter mit ihnen zu beschäftigen.

XXVI

Seite aus dem Buch Ezechiel einer lateinischen Bibelhandschrift auf Pergament, die gegen Ende des 13. Jahrhunderts in Frankreich entstanden sein dürfte (ca. ¼ der natürlichen Größe).

2. Gutenberg und die Erfindung
des Buchdrucks

Die genauen Umstände der Erfindung des »Druckens mit beweglichen Lettern«, wie der Buchdruck im Unterschied beispielsweise zum Holzschnitt genannt wird, sind noch immer nicht ganz geklärt und bilden das zentrale Thema der sogenannten Gutenberg-Forschung. Einigermaßen gesichert ist folgendes: Um 1435 begann der aus einer Mainzer Patrizierfamilie stammende, zwischen 1394 und 1399 geborene Goldschmied Johann Gensfleisch zum Gutenberg in Straßburg, wohin er aus politischen Gründen verbannt war, mit seinen Druckversuchen. Diese zeigten, nach seiner Rückkehr nach Mainz um 1450, die ersten Ergebnisse, nämlich die berühmte »B 42«, die vermutlich 1452 begonnene und 1456 fertiggestellte 42zeilige Bibel, in welcher die neue Technik des Buchdruckes bereits in vollendeter Form zur Anwendung kommt. Ihr vorangegangen sind möglicherweise verschiedene Einblattdrucke, Kalender, Ablaßbriefe etc., die für eine breitere Öffentlichkeit

IEAN GVTTEMBERG

Johann Gensfleisch zum Gutenberg in einem (Fantasie-)Holzschnittportrait von 1584

14

All diese Typenformen verwendete Gutenberg für den Druck seiner 42zeiligen Bibel, wobei oben die ursprünglichen, darunter die nachträglich zusätzlich ange- fertigten Formen zu sehen sind. Mit dieser Typenvielfalt wollte man damals dem Charakter und dem Variationsreichtum der Handschrift möglichst nahe kommen (nach G. Zedler).

bestimmt waren, von denen jedoch nicht mit Sicherheit feststeht, ob sie Gutenberg zugeschrieben werden können. Geschäftlich allerdings war Gutenberg weniger erfolgreich. Zur Vermarktung seiner Erfindung hatte er sich mit dem Mainzer Juristen Johannes Fust zusammengetan, der ihn jedoch im Jahre 1455, nach einem berühmt gewordenen Prozeß, pfänden ließ und seinen späteren

Seite aus der berühmten 42zeiligen Bibel Gutenbergs, der »B 42«.

Seite aus dem Mainzer Psalter von 1457, der von Schöffer, vermutlich noch unter Mitwirkung von Gutenberg, gedruckt wurde.

Schwiegersohn Peter Schöffer aus Gernsheim einsetzte, der den größten Teil von Gutenbergs Werkstätte und Typenvorrat übernahm. Schöffer hat sich als sehr begabter Drucker erwiesen, und mehrere bedeutende Druckwerke sind uns von ihm erhalten geblieben, z. B. das Mainzer Psalterium von 1457, das seiner modern anmutenden Schrift wegen berühmte »Catholicon« von 1460 und die 48zeilige Bibel von 1462, einer der schönsten Frühdrucke überhaupt.

Gutenberg wird meist als Erfinder des gedruckten Buches genannt, was insofern nicht ganz korrekt ist, als ja schon vor seiner Zeit Bücher gedruckt wurden, wenn auch nach einem anderen Verfahren. Auch die Erfindung des Buchstabenstempels ist nicht sein Verdienst; schon lange vor ihm hatten nämlich Goldschmiede und Buchbinder einzelne Prägestempel zur Wiedergabe ganzer Textzeilen verwendet. Das hauptsächliche Verdienst Gutenbergs besteht vielmehr darin, den Druck mit einzelnen, immer wiederkehrenden Lettern bis zur technischen Anwendungsreife entwickelt zu haben, wozu eine ganze Reihe von »Hilfserfindungen« nötig war: Die Matrizenherstellung von den geschnittenen Stahlstempeln, das Handgießgerät und die mit seiner Hilfe gegossenen Bleitypen, der Typensatz, eine neue Druckfarbe und schließlich die Buchdruckerpresse gehören hierzu. Berücksichtigt man noch, daß er für die Herstellung seiner zweibändigen, fast 700 Seiten umfassenden und in einer Auflage von ca. 180 Exemplaren (davon ca. ein Fünftel auf Pergament) gedruckten 42zeiligen Bibel allein 243 verschiedene Kleinbuchstabenformen und 47 verschiedene Großbuchstaben geschnitten und verwendet hat, um dem fließenden Charakter der Handschrift mit ihren verschiedenen Buchstabenverbindungen (Ligaturen) möglichst nahezukommen, dann vermag man die technologische Meisterleistung Gutenbergs erst richtig zu würdigen.

3. Das 15. Jahrhundert und die Ausbreitung der Druckkunst

Im Unterschied zu Gutenberg waren Peter Schöffer, der ehemalige Schreiber aus Paris, und Johannes Fust geschäftlich sehr erfolgreich. Allerdings war ihnen schon früh Konkurrenz erwachsen, z. B. durch Johann Mentelin, der bereits um 1458 in Straßburg zu drucken begonnen hatte, und nach der Plünderung von Mainz (1462)

Druckermarken einiger Frühdrucker

Fust und Schöffer,
Mainz, 1457

Octavianus Scotus,
Venedig, 1493

Engelhard Schultis,
Lyon, 1491

Erhardt Ratold,
Augsburg, 1494

Bernardinus Stagninus,
Venedig, 1496

Aldus Manutius,
Venedig, 1494

entwickelte sich diese Stadt zu einem bedeutenden Zentrum des frühen Buchdrucks. Von nun an verbreitete sich die neue Kunst durch wandernde Drucker rasch in ganz Europa. In Deutschland folgten z. B. die beiden Mainzer Johannes Numeister und Erhard Reuwig (1470), in Straßburg Heinrich Eggestein (1466), Adolf Rusch (1470), Heinrich Knoblochtzer (1476), Johann Grüniger (1482), Bartholomäus Kistler (1497) und noch ca. ein Dutzend weiterer Frühdrucker. In Bamberg wirkten Albrecht Pfister (1460) und der Nürnberger Johann Sensenschmidt (1481); Köln kennt 29 Frühdrucker, darunter Ulrich Zell und den sehr produktiven Heinrich Quentell; in Ulm wirkte seit 1473 Johann Zainer; in Lübeck arbeiteten seit 1473 Lukas Brandis und Steffen Arndes, während in Leipzig um 1481 die ersten Drucker auftauchten: Markus Brandis (1481) sowie Melchior Lotter und Konrad Kachelofen um 1495.

Zu den bedeutendsten deutschen Druckorten zählten die freien Reichsstädte Augsburg, mit allein 22 Frühdruckern wie Günther Zainer (1468), Johannes Bämler, Anton Sorg, Johann Schönsperger und Erhard Ratdolt, und Nürnberg, wo um 1470 Johann Sensenschmidt und Anton Koberger zu drucken begannen. Letzterer war einer der ersten Großunternehmer in der Geschichte des Buchwesens. In den 90er Jahren des 15. Jahrhunderts beschäftigte er bereits über 100 Gesellen an 24 Pressen und errichtete in ganz Europa zahlreiche Filialbetriebe.

In der Schweiz nahm die — bis 1501 zu Deutschland gehörige — Stadt Basel mit den Druckern Martin Flach und Johann Amerbach (1477) sowie Michael Furter und Johann Froben eine ähnlich bedeutende Stellung ein; 1470 wurden in Beromünster, um 1475 in Burgdorf bei Bern erste Bücher gedruckt.

Neben Deutschland, wo um 1500 rund 200 »Offizinen«, wie man die alten Druckereien auch nannte, arbeiteten, übernahm Italien auf dem Gebiet des Buchdruckes bald eine führende Rolle, allen voran die Stadt Venedig, wo zu Beginn des 16. Jahrhunderts etwa 150 Pressen tätig waren. Hier tauchen berühmte Namen auf, wie Johann von Speyer (1469), Nikolaus Jenson, Erhard Ratdolt und besonders Aldus Manutius, der zwar erst ab 1495 druckte, dafür aber durch seine Klassikerausgaben, die sogenannten Aldinen, bald in der ganzen gelehrten Welt bekannt wurde. Nach Italien gelangt war die Kunde von der Druckkunst durch die beiden Wanderdrucker Konrad Sweynheym und Arnold Pannartz, die um 1465 im Benediktinerkloster von Subiaco bei Rom zu arbeiten begonnen hatten. Später gingen die beiden nach Rom, wo vor ihnen bereits

Theorica Solis

Inuenire autē mediū motū Solis eſt inuenire
quendā arcum ꝗodiaci qui ſic ſe habet ad totū
ꝗodiacū quēadmodū arcus eccentrici pertran-
ſitus a ſole ſe habet ad totum eccentricum : &
hic inuenitur per lineā ꝗuidiſtantē : ut patet
in figura ſequenti.

e 2

*Ein frühes wissenschaftliches Werk, bei dem die schematischen Holzschnitte und die
asketischen Antiquatypen zu besonderer Harmonie verschmelzen: Johannes de
Sacro Boscos »Sphera mundi«, in Venedig 1478 von Franziskus Renner gedruckt.*

21

der Ingoldstädter Ulrich Hahn um 1467 das holzschnittgeschmück-
te Buch eingeführt hatte.

In Frankreich faßte die Druckkunst um 1470 Fuß, als den
deutschen Druckern Ulrich Gering, Michael Friburger und Martin
Crantz in der Sorbonne eine Offizin eingerichtet wurde. Ihnen
folgten Pasquier Bonhomme, Jean Dupré, Jean le Petit, Antoine
Vérard und Tilman Kerver. Außerhalb Paris ist lediglich die Stadt
Lyon von größerer Bedeutung mit den Druckern Guillaume le Roy,
Martin Huss, Johann Trechsel und Josse Bade (= Jodocus Badius
Ascensius).

In den übrigen europäischen Ländern wurde die Druckkunst
ebenfalls fast ausschließlich von deutschen Wanderdruckern
eingeführt — abgesehen von England, wo der für seine schönen
und heute seltenen Drucke berühmte William Caxton, der um 1471
mit der Absicht, das neue Handwerk zu erlernen, nach Köln
gegangen war, nach seiner Rückkehr im Jahre 1476 zu drucken
begann.

In den Niederlanden fingen Johann von Paderborn in Aelst (1472)
und nach ihm vor allem Gerhard Blaeu und Jacob Bellaert in
Antwerpen zu drucken an.

Johann Snell druckte ab 1483 in Stockholm, und das erste
tschechische Buch wurde vermutlich um 1468 in Pilsen hergestellt,
während die älteste russische Druckerei um 1493 in Nowgorod von
Bartholomäus Ghotan errichtet worden sein soll. Wesentlich
früher, nämlich ca. 1473 faßte das Druckerhandwerk dagegen in
Spanien Fuß, und in Lissabon wurde 1495 das erste portugiesische
Buch gedruckt.

Der Zeitraum zwischen der Erfindung der Buchdruckerkunst
und etwa dem Jahr 1500, als diese neue Kunst »noch in den Windeln
lag«, wird die »Wiegenzeit« oder »Inkunabelzeit« (von lat. Incunabula = Wiege) genannt; in diesem Zeitraum gedruckte Bücher heißen
entsprechend »Incunabeln« oder »Wiegendrucke«.

Als Drucker betätigten sich in jener Anfangszeit Handwerker
und Gelehrte der verschiedensten Richtungen, unter ihnen viele
Goldschmiede und Kleriker, die keine eigene Zunft bildeten,
sondern meist einer nahestehenden Innung angeschlossen waren;
auch die ehemals zu den »Brüdern vom gemeinsamen Leben«
zusammengeschlossenen Berufsschreiber, deren Stellung durch
die neue Erfindung stark gefährdet war, begannen bald selbst zu
drucken.

Deutsche Bibel, gedruckt von Anton Koberger, Nürnberg, 1483 ▷

hundert end zwelff iar end starb.Enos aber le
bet lrrrr.iar vñ gepar caynan nach des gepurd
lebet er achthundert end fünff zehen iar vñ ge
par sün end töchter.end alle dye tag enos seyn
worden newnhundert end fünff iar end starb.
Vnd carnan lebet sibentzig iar vnd gepar ma
laschel.vnd caynan lebet darnach.So er gepar
malaschel achthundert vñ viertzig iar vñ gepar
sün vñ töchter.end alle dye tag caynan wurden
newnhundert vnd zehen iar vñ starb.Wañ ma
laschel lebet fünff vñ sechtzig iar vnd gepar ia
red. vnnd malaschel lebet darnach. do er ge
par iared achthundert vñ dreyssig iar.vñ gepar
sün vñ töchter.end alle dye tag malaschel wur
den achthundert vñ fünff vñ newntzig iar vnd
starb. Vñ iared lebet hundert vñ zwey vñ sech
tzig iar.vñ gepar enoch.vñ iared lebet darnach
do er gepar Enoch achthundert iar vnd gepar
sün vnd töchter vnd alle dye tag iared seyn wor
den newnhundert vnd zwey vñ sechtzig iar vnd
starb. aber enoch lebet fünff vnnd sechtzig iar

vñ gepar mathusole .vñ enoch gieng mit got.vñ
enoch lebet darnach do er gepar matusale drey
hundert iar vñ gepar sün vnd töchter vñ alle dye
tag enoch wurde gemacht dreyhüdert vñ fünf
vñ sechtzig iar.vñ er gieng mit got vnd erschyn
nit.wañ got der nä oder erhube in. Vñ matusa
lem lebet hundert vnd siben vñ achtzig iar. vñ
gebar lamech vñ mathusale lebet darnach do
gepar lamech sibenhundert vñ zwey vñ achtzig
iar.end gepar sün vnd töchter.end alle dye tag
matusale wurden newnhundert vnd newn vñ
sechtzig iar.vñ starb. Wann lamech lebet hü
dert vnd zwey vnd achtzig iar.end gepar eynen
sün.vñ hieß sei namē noe sagend.der wurt ens
tröstē võ dē arbeitē vñ võ dē werckē vnser hend
i der erde.der.der Herr hat geflücht.vnd lamech
lebt darnach.So er gebar noe fünff hüdert vñ
fünff vñ neuntzig iar.vñ gepar sün vñ töchter.vñ
alle dy tag lamech wurde sibenhüdert vñ sibē vñ
sibentzig iar vñ starb. Noe aber do er alt ward
fünf hüdert iar do gebar er sem cham vñ iaphet

got der herr vmb boßheit willen der menschen
die werlt ließ vergeen in dem wasser vnd hyeß
noe ein archen machen sich vnd die seynen dar
yn zuenthalten.

Nu do dye menschen
hetté angefangē mānigualtig zewer
dē auf der erde vñ hetté geborn töch

ter.die sün gotz sahē dy töchter der menschen
dz sy warē schön sy namē in weyber auß alle dē
die sy erwelten. Vñ got der sprach.Mein geist
wirt nit beleybē in dē menschē ewigklich.wañ
er ist fleysch. Vñnd seyn tag werdē hundert zweintzig
vñ hüdert iar. Vñ i dē tage warē rysen auf der
erde. Vñ darnach do dy sün gottes warē einge
gangē zu töchtern der menschē.vñ sy gebarē
diß sem dy gewaltige võ der werlt die berümté
mañ.do aber got sah dz vil rebelß der menschē

Gedruckt wurde beinahe alles: Neben illustrierten Romanen und Erbauungsbüchern für das breitere Publikum auch Reiseberichte und wissenschaftliche Werke, viel liturgische und religiöse Literatur, ferner Flugblätter, Pamphlete etc., sowie, besonders in Italien, zahlreiche Ausgaben der lateinischen und griechischen Klassiker, nach denen die Renaissance und der Humanismus großen Bedarf hatten. Auf wichtige Inkunabeleigenheiten werde ich später eingehen, wenn die Inkunabeln als Sammelgebiet behandelt wird.

Technisch gesehen hat sich bis zum Ende des 16. Jahrhunderts kaum etwas geändert; die anfänglichen Auflagezahlen von 200 bis 300 Exemplaren konnten gegen Ende des Jahrhunderts auf bis zu 1000 Exemplare gesteigert werden, nicht zuletzt deshalb, weil durch die Vervollkommnung der Papierherstellung mittlerweile dieses

Sehr beliebt war in Renaissance und Mittelalter das Totentanzmotiv, hier in einem Holzschnitt von Michael Wolgemut und Wolfgang Pleydenwurff aus der 1493 von Koberger in Nürnberg herausgegebenen Weltchronik des Hartmann Schedel.

Credando Sacra Matrona che la Damicella, alle mie amorofe parole
alquanto debitamente effa commota affentiffe. Non altramente che il
chiamato Corydone da Batto foccorrete al fuo dolore. Ma nó p altro mo
do io difperfi uanamente il mio fcriuere & parlare, che ad una marmori-
gena ftatua. Et tanto fructo alhora feceron gli mei parlari. Quale oua Hy
ponemia. Et peroe ragioneuolmente cófiderando, che il primo colpo nó
ffinde lalboro. Cum herculea audacia, che Amore in me fpiraua, & per la
comperta

Eine Abbildung aus einem der schönsten je gedruckten Holzschnittbücher über-
haupt, dem 1499 von Aldus Manutius in Venedig herausgegebenen allegorischen
Roman »Hyperotomachia Poliphili«, dessen Autor und Illustrator nicht zweifels-
frei feststehen.

Material in unbeschränkter Menge zur Verfügung stand; das teure
Pergament wurde nur noch für Prachtausgaben verwendet.

Wie rasch sich die neue Kunst damals ausbreitete, mag man
daran ersehen, daß um 1500 bereits in 250 verschiedenen Städten
Europas, meist Bischofssitzen, Handelszentren und Universitäts-

städten, gedruckt wurde, wobei allerdings rund zwei Drittel der gesamten damaligen Buchproduktion aus den zwölf Städten stammte, die im geistigen Leben jener Zeit eine Führungsrolle innehatten: Straßburg, Köln, Augsburg, Rom, Nürnberg, Venedig, Basel, Paris, Lyon, Florenz, Mailand und Leipzig. Insgesamt dürften in der Inkunabelzeit rund 30 000 Werke gedruckt worden sein.

4. Das 16. Jahrhundert und die Konsolidierung der Druckkunst

Die Entwicklung des Buchdruckerhandwerks zum pseudoindustriellen Unternehmertum, wie sie um 1490 bereits in Nürnberg, Basel und Venedig begonnen hatte, setzte sich im 16. Jahrhundert verstärkt fort. Längst hatte der Buchdruck seine Kinderkrankheiten hinter sich gelassen; selbst der Druck von zweifarbigen Textholzschnitten, z. B. für Notenwerke, bot kaum mehr größere Schwierigkeiten. Von einer »Ersatzkunst«, die sich anfänglich noch stark an die überlieferten Vorbilder der handgeschriebenen Kopien hielt, hatte sich der Buchdruck innerhalb zweier Generationen völlig emanzipiert. Inzwischen hatten auch die eher konservativen, an ihren Handschriften hängenden Buchbenützer ihre Vorurteile gegen das neue Produkt abgelegt. Nun war das gedruckte Buch selbst zu einem Machtfaktor von historischen Dimensionen geworden. Besonders deutlich wird diese neue Stellung des Buches durch den Verlauf der Reformation, die ohne das gedruckte Wort ja kaum vorstellbar wäre.

Während sich die gedruckte Schrift schon im 15. Jahrhundert immer weiter von der Handschrift weg zu einer rationellen Druckschrift von eigener graphischer Wirkung entwickelte, ergab sich auf technischem Gebiet im 16. und 17. Jahrhundert keine fundamentale Neuerung. Zwar wurde das Drucktempo gesteigert und der Produktionsablauf verbessert, die wichtigste, wenn auch aus künstlerischer Sicht nicht unbedingt erfreulichste Errungenschaft in der 2. Hälfte des 16. Jahrhunderts war jedoch die Einführung der Kupferstich-Illustration, die anfänglich noch neben dem Holzschnitt existierte, diesen aber im 17. Jahrhundert

---

Texte aus dem frühen 16. Jahrhundert können noch sehr viel Ähnlichkeit mit ▷ Inkunabeln aufweisen, wie dieses Beispiel eines Sabellicus-Druckes von Jean Petit, gedruckt im Jahre 1513 in Paris, zeigt.

MARCI ANTONII COCCII SABELLICI ORATORIS HISTORIO-
GRAPHIq; CLARISSIMI IN RAPSODIAM HISTORIA
RVM AB ORBE CONDITO.

PRAEFATIO.

ES OMNIVM GENTIVM A PRIMO. DIO mun
di ad meorum temporū memoriam scribere cōgitāti oc
currunt mihi plura vno tempore:quæ velut ex opis ve
stibulo animū a tam audaci (ne temerario dicā)abster
reant incœpto. Hæc etsi permulta sunt:duo præter cæ
tera præsenti videntur obstare consilio:& q̃ sit inexhau
sti operis professio immensam rerum seriem tot retro sæ
culis repetendam pollicer:quandoin vnius gentis so
liusve populi rebus explicandis græcorum plæriq; & ex
nostris scriptoribus non pauci excellenti ingenio viri oē
suum studium & operam consumpserint; Præterea ve
rustis rerum monumentis partim temporum partim ho
minum iniuria deperditis:ea sit scriptorum inopia labo
rādū;vt si ætas sit ingenium:si cætera constarent vix ta
men possit contingere vt perpetuus historiæ cursus ad exitum perducatur. Sunt proculdubio hęc
tanti:vt is quem ab omni scribendi conatu nō auerterint nimium audax(& vt verius dicam)de
mēs merito existimari possit. Sed q̃d ad rei magnitudinē attinet:spes quæ ab initio sola bonorum
omnium(vt Hesiodus dicēt)reliqua fuit homini:diu multūq; hortata est vt quantuscunq; inde
ptenderetur labor:cui nunq̃(vt ingenue dicam)me parem futurum arbitratus sum:hunc ipsum
intrepide capesserem,sidentidem admonens nihil tam arduum esse:aut tam difficile:quod non tē
pus conficiat.& industria: Accedit huc propositi stili ratio:qui quo minus luxuriaturus est:eo mi
norem secum laborem videtur allaturus. Siquidem eo ad scribendum consilio venimus:vt media
quadam via ingressi:non tam verborum copia q̃ rerum varietati studeremus:satis superq̃ habi
turi:si quum breues & pressi fuerimus:neq; obscuri:neq; ieiuni:ab iis qui in hanc lectionem incide
rint iudicabimur. Nec(quod reliquum erat)adeo scriptorum multi perierunt:vt huius historiæ
series q̃uis longissima continuari non possit:quæ si nō pleniore vbiq; habitu:qd vno alterove loco
poterit accidere:legentibus visa fuerit;haud propterea minus hilari erit fronte excipienda: q̃ siqs
periculoso seru atus morbo:ex improuiso occurrat:in quo etsi nondum pristinum corporis:aut ni
torē:aut habitum receperimus:nō tam ob formam ipsam q̃ q̃ seruari contigerit gratulamur. Sed
quæ per deum tanta hinc poterit inuidia constari:vt non multo maior sit ex eo gratia expectanda?
q̃ hæc tam multa & a multis requirenda:non stilo solum: sed ordine etiam & figura variantibus:
vna sit lectio omnibus datura. Vsq̃ ita fore confido:vt offensa illa:aut nulla futura sit:aut certe ta
lis:vt ne vllus quidem sensus ad lectorem peruenire possit:nisi forte aliquis in hanc vnam calum
niam plus æquo fuerit intentus. Sed de his alii æquius iudicabunt:me vero haud pœnitebit vn
q̃ p̃ eo fim consilio hęc scribere exorsus:vt a prima rerum origine ita susceptam auspicaremur hi
storiam vt res humana:quarum series multo vulgatior erat cum iis quas diuinæ litteræ contineāt
arctissimo velut nexu iungerentur. Erit:nisi me instituti operis fallit amor:res non minus vtilis:q̃
iucunda:ex certa quadam perspicuaq; lectionis facie:quid diuina humanis præstent cognoscere
quid terrenis cœlestia:caducis perpetua & æterna:in quo:haud facile dixerim:imprudē ter ne ma
gis an impie fecerint plæriq; rerum scriptores.qui lucem aspernati in tenebris versari maluerunt:
malorum dæmonum præstigias pro cœlestibus complexi. Nec vereor quod quidam negant posse
fieri:vt non hæc cultum orationis & splendorem recipiant:ad quam rem perficiēdam:si cætera de
fuerint:diuinam opem mihi affuturam certo scio. Reddet itaq; multiplex materia historiam:quū
valde delectabilem:tum cognitu multo vtilissimam: quippe q̃ lectoris animum ab humanarum
rerum admiratione non solum poterit auertere:sed a vana etiam persuasione eorum quę mortales
in tenebris constituti pro diuinis habuerunt:ignari scilicet ad veri & singularis dei prouidentiam
esse omnia refere̅nda. Sed maiore illi venia digni q̃ plæriq; hominum quibuscū hodie viuitur:qui
quum lucem habeant oculis admotam,tenebras sequuntur:& dum vetustarum rerum studio pris

Typisches, mit dem Buchschmuck der Renaissancebücher verziertes Titelblatt einer Ausgabe der Werke von Basilius Magnus (329–379), die 1520 von Jodocus Badius Ascensius in Paris gedruckt wurde.

Diese berühmte Druckermarke, die vermutlich von Albrecht Dürer stammt, gehört zu den frühesten Bilddarstellungen, die einen Drucker bei der Arbeit zeigen: Ganz links der »Einfärber« mit den beiden Farbtampons, an der Pressenspindel der Drucker und rechts wahrscheinlich der Setzer; an der gegen die Decke verankerten Presse hängen einige häufig gebrauchte Werkzeuge (Detail von Abb. auf S. 28).

vollständig verdrängte. Die übrige Buchausstattung mit Titelblatt und Druckermarke, die in frühen Inkunabeln noch fehlten, hatte sich mittlerweile weitgehend vereinheitlicht und zu jenem Gesicht des Buches geführt, das im wesentlichen bis heute unverändert geblieben ist. Auch organisatorisch machten sich nun gewisse Änderungen bemerkbar: Immer mehr entstand ein regelrechtes Verlagswesen; die Trennung von Autor, Drucker und Verleger bahnt sich an. Die Buchmessen in Leipzig und Frankfurt, mittlerweile selbst wichtige Druckorte, entstanden, und zahlreiche neue Städte, wie z. B. Zürich mit dem für den Reformator Zwingli druckenden Christoph Froschauer, gewannen neben dem weiterhin führenden Italien der Renaissance an Bedeutung. Stellvertretend für unzählige bedeutende Gelehrte und Drucker jener fruchtbaren Epoche sollen wenigstens Namen wie Johann Oporinus, Henric Petri und Froben als Drucker, Sebastian Münster, Erasmus von Rotterdam und Sebastian Brandt als Gelehrte genannt werden, sowie der Künstler Hans Holbein in Basel, der bei Froschauer in Zürich druckende Naturwissenschaftler Conrad Gesner, der Frankfurter Großverleger und Drucker Sigismund Feyerabend und der für ihn tätige Holzschneider Jost Ammann. In Venedig druckt weiterhin Aldus Manutius seine Klassikerausgaben, und 1503 entsteht in Florenz die Offizin von Filippo Giunta mit ähnlicher Zielsetzung. In Frankreich wirken Jodocus Badius Ascensius und vor allem der nachmals durch seine hervorragenden griechischen Klassiker-Ausgaben und seine mehrsprachige Psalmensammlung berühmte Drucker Henric Stephanus (= Henri Estienne) und seine Nachfolger Robert Estienne, der um 1540 zusammen mit den Schriftschöpfern Geofroy Tory und Claude Garamonde, nach dem heute noch eine Antiquaschrift benannt ist, für Franz I. von Frankreich arbeitete. Zu den wichtigsten Druckern Lyons gehörten in dieser Zeit Sebastian Gryphius und Jean de Tournes.

Während das englische Druckereigewerbe im 16. Jahrhundert infolge starker Zensurmaßnahmen nur geringe Fortschritte machte, beginnt in den Niederlanden eine wahre Blüte der Buchdruckerei: Antwerpen und Leiden waren die entsprechenden Zentren, wobei seit 1555 die Persönlichkeit des Druckers Christoph Plantin hervorsticht.

Charakteristisch für das sich anbahnende Großverlegertum war schon damals die Auffächerung des Angebotes in billige, meist einfach illustrierte und in der Landessprache gedruckte Volksliteratur, Bauernkalender etc. einerseits und anspruchsvolle lateinisch oder

Druckermarken des 16. Jahrhunderts

FRO BEN,

*Johann Froben,
Basel, 1515*

*Adam Petri,
Basel, 1515*

*Robert Estienne,
Paris, 1527
(entworfen von
Geofroy Tory)*

*Henric Petri,
Basel, 1528*

*Johann Miller,
Augsburg, 1515*

*Johann Bebel,
Basel, 1526
(entworfen von
Hans Holbein d. J.)*

Sigismund Feyerabend, Frankfurt, 1568
(geschnitten von Jost Amman).

Andreas Gesner,
Zürich, 1550

Geofroy Tory,
Paris, 1525

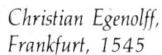

Christian Egenolff,
Frankfurt, 1545

Johann Oporin,
Basel, 1544

Wolfgang Koepfel,
Straßburg, 1525

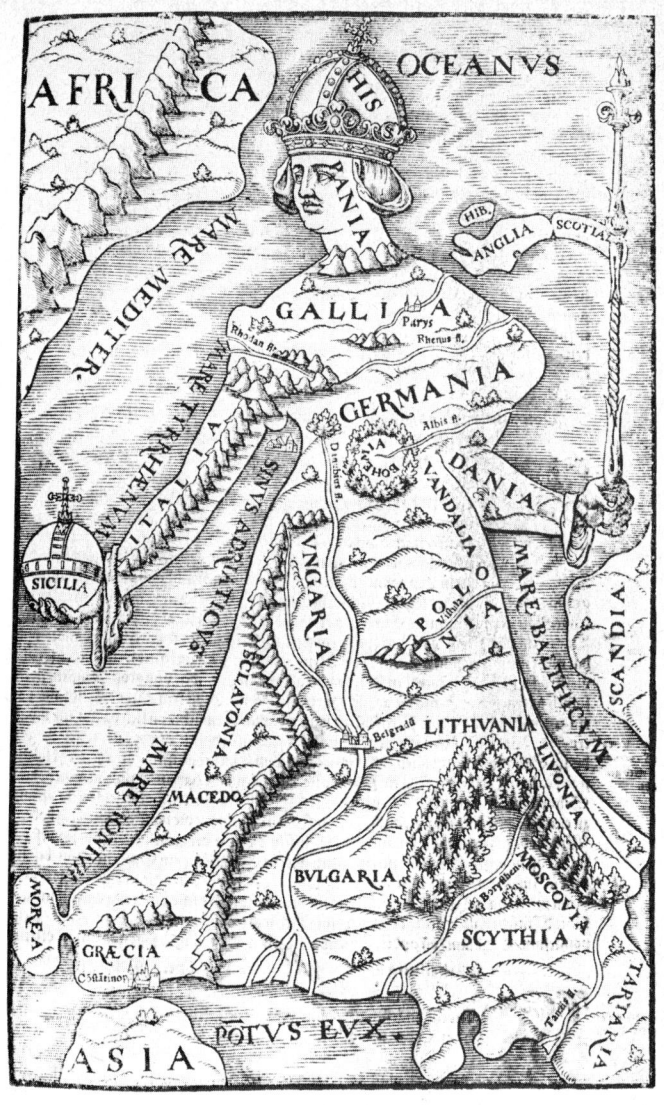

Holzschnittdarstellungen Europas aus der »Cosmographia« Sebastian Münsters, die seit 1544 von Henric Petri in Basel in unzähligen Auflagen immer wieder gedruckt wurde.

Von Jost Ammann für den Frankfurter Drucker Johann Feyerabend in Holz geschnittene Titelumrahmung zu einer Sammlung von Holzschnittportraits deutscher Könige und Fürsten, gedruckt zu Frankfurt im Jahre 1580

griechisch geschriebene wissenschaftliche Werke andererseits. Im selben Zeitraum setzte sich ferner eine Errungenschaft durch, die in anderen Gebieten erst wesentlich später Fuß fassen sollte, nämlich die »Herstellermarke«. In Form der bereits erwähnten Druckermarke wurde sie von Fust & Schöffer schon 1462 verwendet; seit 1539 wurde die Druckermarke meist ein Holz- oder Metallschnitt am Schluß des Buches, später auch auf dem Titelblatt, in Paris sogar von Amtes wegen, zum verbindlichen Firmenzeichen für die verschiedenen Drucker erklärt. Für ihre Gestaltung zeichneten zuweilen führende Künstler, wie Hans Holbein, Jost Ammann oder Tobias Stimmer verantwortlich.

Neben den erwähnten größeren Druckwerken spielten — besonders in Kriegszeiten — das politische Pamphlet und die kriegerische Hetzschrift eine bedeutende Rolle. Auf den Beginn des 16. Jahrhunderts fällt auch das Erscheinen der ersten Nachrichtenblätter, der sogenannten »Neuwen Zeitung«, die aus dem regelmäßigen Briefwechsel verschiedener Drucker, Händler und Autoren hervorgegangen war. Auf die für den heutigen Sammler besondere Bedeutung der Drucke des 16. Jahrhunderts werde ich an späterer Stelle noch zurückkommen.

5. Das 17. Jahrhundert und der 30jährige Krieg

In vielen älteren Werken über die Geschichte der Buchdruckerkunst wird das 17. Jahrhundert, und besonders natürlich die Zeit des 30jährigen Krieges zwischen 1618 und 1648 infolge der einsetzenden Massenproduktion und der Verwendung schlechten Papiers als Zeit des Verfalles und des Niederganges der Buchdruckerkunst bezeichnet. Aus gestalterischer und künstlerischer Sicht ist diese Auffassung zweifellos berechtigt. Ein moderner Sammler sollte jedoch nicht nur das künstlerisch wertvolle Stück schätzen, sondern sich auch für die kulturhistorische Bedeutung eines Werkes interessieren. Immerhin war das geistige Leben jener Zeit mitbestimmt durch den Beginn der Aufklärung und brachte einige der großen Wissenschaftler unserer Geschichte hervor, wie Leibniz, Newton oder Descartes (deren Erfolg ohne den Buchdruck kaum möglich gewesen wäre). Hochwissenschaftlichem Schrifttum stand in jener Zeit seichte und unsorgfältig gedruckte Erbauungsliteratur in Massenauflagen gegenüber. Allerdings hat gerade letztere trotz

Titelblatt des Bändchens »Belgien« aus der Reihe »Republiken«, die zu Beginn des 17. Jahrhunderts von der Drucker- und Verlegerfamilie der Elzevir ursprünglich in Leyden und Amsterdam, später auch in anderen Städten Europas herausgegeben wurde. Die handlichen, nur 5,5 auf 11 cm messenden »Taschenbücher« waren bei den Bibliophilen des 18. Jahrhunderts bereits außerordentlich begehrt; seinerzeit wurde sogar ein »Elzevirometer«, ein elfenbeinerner Maßstab zum Ausmessen dieser Büchlein, angeboten.

ihrer künstlerischen Minderwertigkeit in neuerer Zeit besonderes Interesse gefunden, enthält sie doch viel bisher unaufgearbeitetes Material zur Kultur- und Sittengeschichte jener Zeit. Auch die Sammler haben die manchmal kuriosen, einen tiefen Aberglauben widerspiegelnden volkstümlichen Druckwerke dieser Epoche wiederentdeckt.

Obschon auch in Deutschland weiterhin bedeutende Druckwerke entstanden — man denke an Matthäus Merians 1642 in Frankfurt erschienenes monumentales Kupferstichwerk der »Topographien« oder den um 1669 in Nürnberg gedruckten »Simpli-

zissimus« von Grimmelshausen —, verlagerte sich der Schwer-
punkt des Druckereigewerbes von Deutschland und Italien immer
mehr nach Frankreich und in die Niederlande. In Leiden begann 1592
das Verlagshaus der Familie Elzevir zu arbeiten, das sich vor allem um
die Popularisierung der Wissenschaften in Form kleingedruckter handlicher Taschenbücher, Länder- und Reisebeschreibungen sowie um die
Herausgabe ebenso handlicher Klassikerausgaben verdient gemacht
hat. Zur gleichen Zeit druckte in Amsterdam Jodocus Hondius den großen Atlas des damals bedeutendsten Kartographen Gerhard Merca-
tor; sein Schwiegersohn Johannes Jansson führte die Reihe bedeutender Kartenwerke fort und versuchte, ebenso wie sein

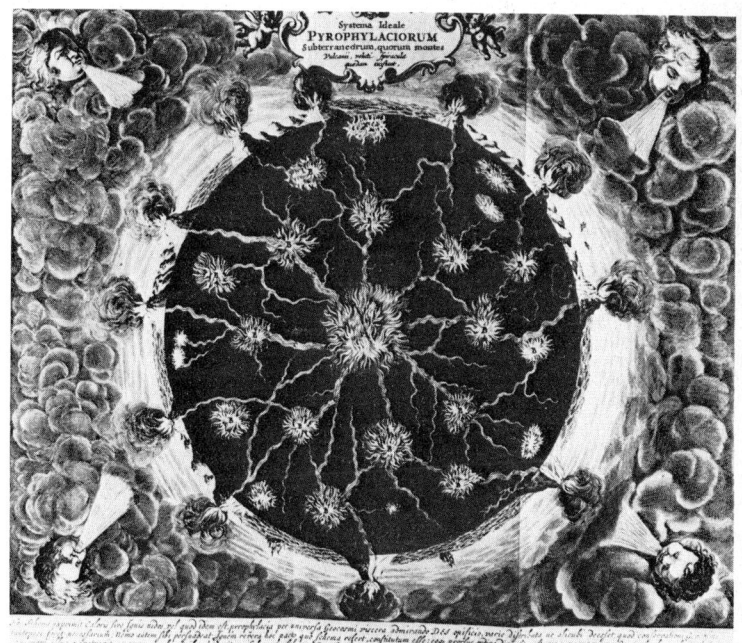

*Schöner fantasievoller Kupferstich, das vulkanische System der Erde und ihr
Zentralfeuer darstellend; aus Athanasius Kirchers 2bändigem Werk »Mundus
subterraneus« (Unterirdische Welt), das 1678 in Amsterdam gedruckt wurde.*

MISSALE
NOVUM
ROMANVM
EX DECRETO SACROSANCTI
CONCILII TRIDENTINI RESTITUTUM,

PII V. PONT. MAX. JUSSU EDITUM.

ET CLEMENTIS VIII. PRIMUM, NUNC DENUO

URBANI PAPÆ OCTAVI
AUCTORITATE RECOGNITUM,

IN QUO

Missæ propriæ de Sanctis, ac Festis novissimis,

A

Summis Pontificibus ab An. 1640. usq; ad 1679. tum de præcepto, tum ad libitum celebrari concessæ, omnes suis locis, pro celebrantium commoditate, ad longum extensæ, & appositæ sunt.

CAMPODUNI,
PER RUDOLPHUM DREHER, EIUSD. DUCALIS MONASTERII TYPOGRAPHUM.

ANNO DOMINI M.DC.LXXXIV.

PERMISSU SUPERIORUM.

Konkurrent Willhelm Janszon Blaeu, den Verkaufserfolg der Elzevirs mit Kleinausgaben zu kopieren.

In Frankreich begann um 1640 die »Imprimerie Royal« ihre Tätigkeit, die sich allerdings erst im 18. Jahrhundert voll entfaltete. Doch eine wesentliche Neuerung setzte sich schon damals in Frankreich durch: der erste, allerdings noch mangelhafte Urheberrechtsschutz für gedruckte Werke. Dieser Schutz, den man z. B. in Venedig in Einzelfällen schon im 15. Jahrhundert kannte, verbot allen Druckern im Hoheitsgebiet der herrschenden Obrigkeit, das jeweils geschützte Werk nachzudrucken; häufig findet man den Hinweis auf das Urheberrecht als sogenanntes »Privilege du Roy« oder als »Approbation du Roy« am Ende eines im 17. oder 18. Jahrhundert gedruckten französischen Buches. Damit hatte natürlich auch die Geburtsstunde des Raubdruckes geschlagen, und viele in Frankreich geschützte oder durch die Zensur verbotene Werke wurden in Flandern oder den Niederlanden, ja sogar in der Schweiz gedruckt.

6. Das 18. Jahrhundert und der Kupferstich

Die weitere Entwicklung von Buchwesen und Druckereikunst stand im 18. Jahrhundert fast ganz im Zeichen Frankreichs und der Aufklärung. Zwar begann in Deutschland bald ein typografischer Wiederaufbau; die Drucker, jeweils nur mit den Druckprivilegien ihres Territorialfürsten geschützt, sahen sich allerdings stets der Gefahr eines billigen Nachdruckes durch Konkurrenzunternehmer ausgesetzt, sobald sie mit großem Aufwand ein bestimmtes Werk in einer guten Ausgabe herausgebracht hatten. Es ist verständlich, daß sich nur die größeren, finanzstarken Druckereien und Verlage jener Zeit in diesem häufig ruinösen Geschäft behaupten konnten, wie z. B. Göschen in Leipzig oder Cotta in Tübingen (seit 1811 in Stuttgart). Wohl entstanden auch in Deutschland zu jener Zeit hübsche Klassikerausgaben, Almanache und Kupferstichwerke; sie reichten aber selten an die Qualität der Erzeugnisse aus dem westlichen Nachbarland heran. Österreich hatte in Johann Thomas Edler von Trattner, dem kaiserlich-königlichen Hofbuchdrucker

◁ *Kirchliche und Liturgische Schriften wie dieses 1684 in Kempten gedruckte Missale gehörten im 17. Jahrhundert zum wichtigsten Druckgut und waren meist prunkvoll geschmückt.*

und Buchhändler in Wien, eine ebenso bedeutende wie zwielichtige und skrupellose Druckerpersönlichkeit. Dank seiner guten Beziehungen zum Hofe erhielt er viele Regierungsaufträge, beispielsweise den Druck der »Constitutio Criminalis Theresiana« von 1769, ein Bestseller der juristischen Literatur, der auch heute noch in keinem gut ausgestatteten rechtshistorischen Seminar fehlt.

Zwar herrschten im Frankreich des 18. Jahrhunderts noch strenge Zensurvorschriften, die beispielsweise einen Voltaire zwangen, seine »Henriade« erst im Ausland zu drucken. Andererseits waren der Lebensstil von Barock und Rokoko dem künstlerisch ausgestatteten Buche gegenüber sehr aufgeschlossen, so daß der Kupferstich, der im 17. Jahrhundert bereits eine Vorrangstellung bei der Buchillustration eingenommen hatte, in zahlreichen Prachtausgaben Triumphe feierte, beispielsweise in den beliebten Fabeln von La Fontaine. Auch die weitere Buchausstattung, z. B. das Titelblatt, war im Rokoko wesentlich eleganter als etwa die strengen nüchternen Pendants der deutschen Neoklassik. Die im damaligen französischen Buchgewerbe hervorragendste Familie dürften die Didots gewesen sein: François Ambroise Didot wirkte nicht nur wie seine Söhne Firmin und Pierre als Verleger, Drucker und Schriftschöpfer der sogenannten Didot Antiqua. Er verhalf auch dem in seinen Grundzügen heute noch verwendeten typografischen Maßsystem, das erstmals eine Standardisierung des Druckwesens erlaubte, zum Durchbruch. Mit der Aufklärung erschienen auch die ersten großen Enzyklopädisten auf dem Plan, deren berühmtestes Werk wohl die 17 Textbände und 11 Abbildungsbände umfassende »Encyclopédie ou Dictionnaire raisonnée des Sciences, des Arts et des Metiers« sein dürfte, die von Diderot und d'Alembert von 1751 bis 1772 herausgegeben wurde.

Das 18. Jahrhundert ist ferner das Jahrhundert der großen französischen Bibliophilen und Sammler, die oft mit ungeheurem Aufwand bemüht waren, ihre Bibliotheken besonders reich auszustatten. Das Buchbindegewerbe hat wohl nie wieder einen solchen künstlerischen Höchststand erreicht wie damals in Paris.

Vielleicht war es die strenge Regelung des Buchdruckergewer-

Ich will mit dir aus Holtz, mein Fleische will ich tödten,
Dein Creutz dir tragen nach: und fest in aller Nöthen
Bey dir, mein JESU stehn; mich soll die süsse Welt,
Von dir nicht locken ab mit Wollust, Ehr und Gelt.

bes durch den König, der die Zahl der zugelassenen Drucker genau beschränkte und dessen Privatrat seit 1723 sowohl Druckgenehmigungen erteilte als auch Streitigkeiten schlichtete und Zensur ausübte, welche die französischen Drucker nicht in dieselben Konkurrenzschwierigkeiten kommen ließ, wie ihre deutschen Kollegen. Die Bibliophilen Frankreichs stammten aus der dünnen Schicht des höfischen Adels, der durch die Revolution von 1789 verdrängt und teilweise ausgerottet wurde. Zwar wurde das Buchgewerbe durch diese Revolution von der schweren Last einengender Zensurbestimmungen befreit und um 1791 zu einem freien Gewerbe. Diese frisch gewonnene uneingeschränkte Freiheit währte jedoch kaum viel länger, als eine andere revolutionsbedingte Kuriosität: Bücher, die zwischen 1792 und 1805 in Frankreich gedruckt wurden, tragen nicht die gewohnten Jahreszahlen, sondern statt dessen neue Datumsangaben, nämlich »An 1« (nach der Revolution) bis »An 14«. Den Schaden aber, den die Französische Revolution im Reiche der alten Bücher hinterlassen hat, kann man kaum ermessen: Mehrere Millionen Bände dürften den damaligen Bücherstürmern zum Opfer gefallen und in die Flammen gewandert sein. Aus dem Leder der kostbaren Einbände, die schlaue Händler noch kurz vor der Verbrennung abgerissen hatten, wurden später Portemonnaies, Stiefelchen u. ä. gefertigt, was den großen Bibliophilen Charles Nodier seinerzeit veranlaßt haben soll, einer hübschen Dame bei der Begrüßung stets zuerst auf die Stiefel zu schauen, ob sie etwa aus dem Leder eines ihm bekannten Bucheinbandes gefertigt waren.

Erwähnenswert ist hier noch die Entwicklung des Buchgewerbes in Italien. Dort machte die Typografie unter Gian Battista Bodoni, der die »Stamperia Reale« des Herzogs von Parma und seit 1791 eine eigene Privatpresse leitete, gewaltige Fortschritte, die unsere heutige Auffassung von guter Buchgestaltung nachhaltig beeinflußt haben. Auch England, wo das Buchgewerbe seit dem Beginn des 18. Jahrhunderts von den behördlichen Einschränkun-

---

Zu den Bestsellern des 18. Jahrhunderts gehörten solche Volksbücher wie das ▷ »Noth- und Hülfs-Büchlein für Bauersleut« von Rudolf Zacharias Becker, das in vielen Auflagen weiteste Verbreitung erfuhr und auch heute noch oft in Antiquariaten auftaucht. Das anspruchslose, meist in Pappe gebundene, aber mit ein paar hübschen Textholzschnitten geschmückte Büchlein gibt ein Beispiel für jene Literaturgattung, mit deren Verkauf sich die Verleger schon damals Geld für höherstehende Druckvorhaben beschafften.

Noth- und Hülfs-Büchlein für Bauersleute.

oder
lehrreiche
Freuden- und Trauer-Geschichte
des Dorfs
Mildheim.

Für Junge und Alte beschrieben.

Gotha,
bey dem Herausgeber der Deutschen Zeitung,
und Leipzig,
bey Georg Joachim Göschen 1788.

QUINTI
CURTII RUFI
DE REBUS GESTIS
ALEXANDRI MAGNI
LIBRI
PRAEMITTITUR NOTITIA LITERARIA
ACCEDIT INDEX
STUDIIS SOCIETATIS BIPONTINAE.

EDITIO ACCURATA

BIPONTI
CIƆIƆCCIIC.

Quintus Curtius Rufus' Geschichte Alexanders des Großen in einer der beliebten Klassikerausgaben aus Zweibrücken (1792), die gelegentlich auch »Bipontinen« genannt wurden.

TRAITÉ DES PONTS.

Auch in nüchternen ingenieurwissenschaftlichen Abhandlungen wie diesem 1728 erschienenen Werk über den Brückenbau »Traité des Ponts« von Hubert Gautier waren in der Zeit des Rokoko solche idyllischen Darstellungen auf dem Titelblatt zu finden.

gen befreit worden war, holte schnell auf und erhielt mit William Caslon und später John Baskerville zwei Schriftschöpfer und Drucker von internationalem Format.

In der Schweiz schließlich waren es vor allem Gelehrte und Künstler wie Albrecht von Haller, Breitinger, Johann Caspar Lavater und Salomon Gessner in Zürich, die Familien der Burckhardts, Bernoullis und Euler in Basel, die das geistige Leben des 18. Jahrhunderts mitprägten. Ihre Schriften wurden zum Beispiel von den Nachfolgern der Offizin Froschauer, dem Verlag Orell und Campe (heute Orell Füssli in Zürich) oder dem durch gutausgestattete wissenschaftliche Ausgaben bekannten Verlag Marc-Michael Bousquet in Genf und Lausanne gedruckt. Die Druckereigeschichte in den übrigen Kantonen der Schweiz ist recht kompliziert und einesteils durch verschiedene Einzelpersönlichkeiten wie z.B. den wichtigen Wanderdrucker Johann Georg Barbisch, der im 17. Jahrhundert in Graubünden tätig war, geprägt, andernteils jedoch wesentlich beeinflußt durch jenes Land, das dem betreffenden Kanton jeweils sprachlich, kulturell und politisch am nächsten stand.

7. Das 19. Jahrhundert und die Industrialisierung des Buchwesens

Im dritten Jahrzehnt des 19. Jahrhunderts setzte unaufhaltsam die Mechanisierung und Industrialisierung des Buchdruckes ein, nachdem die Papierherstellung bereits seit 1798 weitgehend hatte mechanisiert werden können. Gleichzeitig entwickelten sich neue Bilddruckverfahren wie der Stahlstich, die Xylografie und als prinzipiell neue Technik die Lithografie (Steindruck). Die der Lithografie verwandten Flachdruckverfahren gingen mit der aufkommenden Fotografie etwa ab 1860 eine immer engere Verbindung ein.

Hier seien nur die wichtigsten Daten auf dem technologiegeschichtlich so interessanten Weg zum vollmechanisierten Buchdruck genannt: 1811 bauten Friedrich Andreas Bauer und Friedrich König die erste Tiegeldruck-Schnellpresse, der 1812 die erste Zylinderpresse folgte, mit deren verbesserter Version der Begründer der »Times«, John Walter, als erster eine Zeitung druckte. 1846 baute August Applegate — wieder für die »Times« — die erste richtig funktionierende Rotationsdruckma-

Frühere Stilelemente und Vorbilder kopierende und verarbeitende »Historismus-Einbände« aus der zweiten Hälfte des 19. Jahrhunderts. (Siehe auch folgende Abbildungen).

schine, die immerhin schon 12 000 Drucke pro Stunde lieferte und deren Konstruktionsprinzip heute noch überall dort verwendet wird, wo große Auflagen in kurzer Zeit zu drucken sind. Auch das vorliegende Buch wurde auf einer modernen Rotationspresse gedruckt.

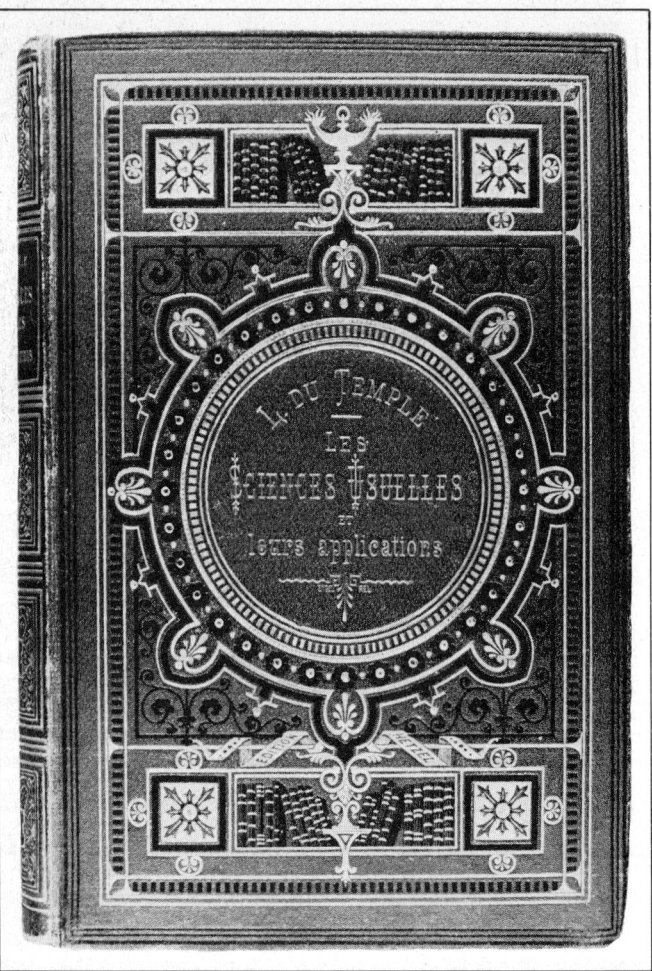

Schwieriger war es, den Setzvorgang zu mechanisieren. Der Setzer mußte ursprünglich die gegossenen Einzeltypen in einem Rahmen, dem sogenannten Winkelhaken, zeilenweise zum spiegelverkehrten Gesamttext zusammensetzen. Die vielen erfolglosen Versuche, den Satzvorgang zu mechanisieren, reichen bis weit ins 18. Jahrhundert zurück; aber erst um 1869 konnte sich die sogenannte Kastenbein-Setzmaschine durchsetzen, mit der zum

Beispiel die »Times« von 1871 bis 1908 gesetzt wurde. Um 1886 schuf Ottmar Mergenthaler in Baltimore eine Setzmaschine, die jeweils eine ganze Zeile auf einmal setzen, abgießen und im Setzrahmen ablegen konnte. Diese Version verbreitete sich als »Linotype«-Zeilen-Setz- und Gießmaschine weltweit. Neben ihr behauptete sich für schwierige Druckaufgaben die 1897 von dem Amerikaner Thomas Lanston konstruierte Einzelbuchstaben-Setz- und -Gießmaschine »Monotype«. Erst seit dem 2. Weltkrieg ist diesen klassischen Maschinen durch den computergesteuerten Lichtsatz und den modernen Offsetdruck eine starke Konkurrenz erwachsen. Nur mit Hilfe der Massendruckverfahren des 19. Jahrhunderts konnten übrigens so umfangreiche Druckvorhaben wie die Herstellung von Lexika, Gesamtausgaben etc. verwirklicht werden. In jener Zeit wurden viele Tageszeitungen gegründet, aber auch große Verlage, wie der F. A. Brockhaus-Verlag (1817) in Leipzig und das Konkurrenzunternehmen von Joseph Meyer, das Bibliographische Institut (1826 in Gotha, ab 1874 in Leipzig). Andererseits führte die Modernisierung der Druckverfahren zu einem enormen Anwachsen des Druckvolumens, wobei die Quantität allzuoft auf Kosten der Qualität erhöht wurde. Das Aufkommen des Schutzumschlages dürfte charakteristisch für jene neue Auffassung vom »Buch als Massenartikel« sein. Man begann, Bücher mit denselben Methoden der Werbung anzupreisen wie andere Industrieprodukte. Allerdings gab es damals, besonders in England, mehrere private Druckereien, die sich gegen diesen Zerfall der Typografie wehrten und damit zu Vorläufern der Druckkunst-Renaissance im Jugendstil wurden.

8. Der Jugendstil und das 20. Jahrhundert

Zu den berühmtesten Neuerern, die sich gegen die Geschmacklosigkeit des »Industriebuches« wandten, gehörte der Engländer William Morris, der in seiner 1891 gegründeten Kelmscott-Press Werke der klassischen Literatur in kleiner Auflage druckte. Diese zeichneten sich nicht nur durch einen von Jugendstilelementen geprägten Buchschmuck aus, sondern in erster Linie durch neu geschnittene Schriften, die sich stark an Vorbilder aus der Frühzeit des Buchdrucks, anlehnten. Diese Erneuerungsbestrebungen, die um 1900 mit der Jugendstilbewegung verschmolzen,

Vier charakteristische Jugendstil-Einbände. (Siehe auch folgende Abbildungen).

haben natürlich auch den Kontinent, vor allem Deutschland erfaßt und zu einer neuen Blüte der Buchausstattung geführt. Typische Vertreter jener neuen Buchkunst waren neben Graf Kesslers Cranach-Presse Verlage wie der Insel Verlag oder das Unternehmen von Eugen Diederichs, der zusammen mit dem S. Fischer Verlag ab 1909 die heute noch als mustergültig angesehene Reihe der Tempel-Klassikerausgaben verlegte.

Der Erfolg dieser Jugendstil-Buchkunst war stets dann am größten, wenn sie sich nicht gegen die Massenproduktion an sich stellte, sondern versuchte, auch den Massenartikel Buch möglichst ansprechend zu gestalten. Die zahlreichen Privatdrucker jener Zeit konnten sich verständlicherweise auf die Dauer nicht durchsetzen; sie vermittelten jedoch vielen industriellen Buchschöpfern neue gestalterische Ideen, und ihre Arbeiten stellen heute ein eigenes Sammelgebiet dar, das ich später noch streifen werde.

Die Druckerzeugnisse der Zwischenkriegszeit — im 1. Weltkrieg ruhte die (Druck-)Kunst — scheiden sich wiederum in billige Massenware und geschmackvolle Luxusdrucke.

Seit dem 2. Weltkrieg nun erleben wir eine neue Spaltung des Buchwesens im großen Stil: Auf der einen Seite das billige Taschenbuch, ein Medium der Unterhaltung und Wissensvermittlung für

Je ein aus den 20er Jahren unseres Jahrhunderts stammender Einband bzw. Schutzumschlag. (Siehe auch folgende Abbildung).

jedermann, auf der anderen Seite das immer teurer werdende, aber
dafür im allgemeinen recht sorgfältig ausgestattete hart gebundene Buch, und schließlich noch das neue »bibliophile Buch«,
welches vor allem die ästhetischen Bedürfnisse von Lesern und
Sammlern ansprechen soll. Mit dem Erscheinen sogenannter
»bibliophiler Taschenbücher« hat sich hier in den letzten Jahren ein

THE SAVOY

AN ILLUSTRATED MONTHLY

No. 5   September 1896   Price **2/-**

EDITED BY ARTHUR SYMONS

Die nur in den Jahren 1896 und 1897 erschienene, von Arthur Symons unter Mitwirkung von Jugendstilkünstlern wie Aubry Beardsley herausgegebene englische Monatszeitschrift »The Savoy«, wurde zu einem wichtigen Schrittmacher des Jugendstils in der Typographie.

Kreis geschlossen, der uns einigermaßen gespannt die weitere Entwicklung der Buchkunst abwarten läßt.

Auf dem Gebiet der Typografie haben sich in den letzten 30 Jahren recht erfreuliche Neuerungen ergeben. Unter der Leitung von Schriftkünstlern wie Jan Tschichold sind neue »klassische« Druckschriften entstanden, die eine ganze Generation von Grafikern, Setzern und Druckern beeinflußt und deren Sensibilität für die Harmonie von Satzspiegel und Schriftbild geschärft haben. Mit

„Aber Mutter, was haft du denn?" fragte Jakob ganz erschrocken; „dir ift gewiß nicht wohl; warum willft du denn deinen Sohn von dir jagen?"

„Ich habe dir schon gesagt, gehe deines Weges!" entgegnete Frau Hanne zürnend. „Bei mir verdienft du kein Geld durch deine Gaukeleien, häßliche Mißgeburt."

„Wahrhaftig, Gott hat ihr das Licht des Verftandes geraubt!" sprach der Kleine bekümmert zu sich; „was fange ich nun an, um sie nach Haus zu bringen? Lieb' Mütterchen, so sei doch nur vernünftig; sieh mich doch nur recht an; ich bin ja dein Sohn, dein Jakob."

„Nein, jetzt wird mir der Spaß zu unverschämt," rief Hanne ihrer Nachbarin zu; „seht nur den häßlichen Zwerg da, da steht er und vertreibt mir gewiß alle Käufer, und mit meinem Unglück wagt er zu spotten. Spricht zu mir: ich bin ja dein Sohn, dein Jakob, der Unverschämte!"

Da erhoben sich die Nachbarinnen und fingen an zu schimpfen, so arg sie konnten, und Marktweiber, wiffet ihr wohl, verftehen es, und schalten ihn, daß er des Unglückes der armen Hanne spotte, der vor sieben Jahren ihr bildschöner Knabe geftohlen worden sei, und drohten insgesamt über ihn herzufallen und ihn zu zerkratzen, wenn er nicht alsobald ginge.

Der arme Jakob wußte nicht, was er von diesem allem denken sollte. War er doch, wie er glaubte, heute früh, wie gewöhnlich, mit der Mutter auf den Markt gegangen, hatte ihr die Früchte auffteilen helfen, war nachher mit dem alten Weib in ihr Haus gekommen, hatte ein Süppchen

11

Typischer Jugendstilschmuck des Hauff-Märchens »Zwerg Nase«, mit dem Buchschmuck von Walter Tiemann.

dem computergesteuerten Bildschirmsatz droht allerdings eine wahre typografische Sintflut über uns hereinzubrechen, die nur durch eine strenge grafische und geschmackliche Ausbildung der »Computerredakteure« abgewendet werden kann.

Welchen Wert künftige Sammler der Buchproduktion unserer Zeit beimessen werden, können wir nicht wissen; eines muß bei unserer Beurteilung der verschiedenen Epochen des Buchwesens jedoch immer berücksichtigt werden: Je älter ein Druckerzeugnis, desto ferner steht uns in der Regel auch sein Inhalt, so daß wir seine äußere Form eher objektiv beurteilen können, während unsere unmittelbare Beziehung zum Inhalt eines neueren Buches eine unabhängige Beurteilung seines Wertes als »buchkünstlerisches Erzeugnis« erschwert.

Das alte Buch als Sammel-
gegenstand

Seit es überhaupt schriftliche Aufzeichnungen gibt, dürften sie auch gesammelt und archiviert worden sein. Die Erfindung des Buchdruckes schuf hier keine grundsätzlich neue Situation, sie erleichterte lediglich den Zugang zum Sammelgut — und sorgte gleichzeitig für dessen gewaltige Vermehrung. Eine Büchersammlung wird normalerweise als Bibliothek bezeichnet; die meisten Bibliotheken sind nun aber nicht auf den Eifer eines bibliophilen Sammlers, sondern viel häufiger auf rein sachliche Erfordernisse, wie z. B. die Anlage einer Handbibliothek zurückzuführen. Die Frage, wodurch sich ein Büchersammler von einem »gewöhnlichen Bibliotheksbesitzer« unterscheidet, ist daher nicht genau zu beantworten. Manchmal entwickelt sich zum Beispiel eine ursprünglich aus Liebhaberei angelegte Sammlung zum hilfreichen Arbeitsinstrument eines Lehrers, Journalisten oder Wissenschaftlers, und nicht minder häufig erfolgt das Umgekehrte: Während man sich eine beruflich benötigte Handbibliothek über sein Fachgebiet anlegt, erwacht die Sammelleidenschaft. Es ist kaum erstaunlich, daß unter jenen, die von Berufes wegen viel mit Büchern und Bibliotheken zu tun haben, z. B. Ärzte oder Juristen, besonders viele Bibliophile zu finden sind. Zahlreiche Sammlungen lassen allerdings keinen direkten Bezug zwischen ihrer Entstehung und dem Beruf ihres Anlegers erkennen. In einem Punkte aber unterscheiden sich alle Büchersammler von normalen Benützern, nämlich in ihrer besonderen Beziehung zum Buch, die sich nicht auf die Wertschätzung des Inhalts beschränkt, sondern sich auf die Freude am ganzen »Gegenstand Buch« erstreckt.

Wie zum Beispiel für einen Briefmarkensammler oder Numismatiker erhebt sich für den Liebhaber alter Bücher spätestens dann, wenn bereits ein kleiner Grundstock in Form einiger gelegentlich erworbener alter Bücher vorhanden ist, die Frage, nach welchen Gesichtspunkten er seine Sammlung aufbauen bzw. vervollständigen will; zu ihrer Beantwortung soll der folgende Abschnitt einige wichtige Informationen über die verschiedenen Sammelgebiete beisteuern. Zuvor jedoch sollte man sich einige elementare, zum erfolgreichen Sammeln notwendige Kenntnisse über Herstellung, Materialien sowie andere Eigentümlichkeiten unseres Sammelgegenstandes erarbeiten.

1. Ein wenig Typografie

Obwohl die Druckschriften der Frühzeit praktisch ausschließlich aus den entsprechenden Handschriften hervorgegangen sind und diese anfänglich sogar möglichst getreu zu imitieren suchten, zeigen schon die ältesten Beispiele den grundsätzlichen Unterschied zwischen geschriebener, bzw. wie bei den Blockbüchern in Holz oder Metall geschnittener oder gestochener Schrift einerseits und gedruckter Schrift andererseits. Während nämlich bei der Handschrift trotz aller angestrebten Regelmäßigkeit jeder einzelne Buchstabe eines Textes ein »Original« darstellt und sich von allen anderen desselben Typs unterscheiden läßt, geht diese Individualität des Einzelbuchstabens beim Druck praktisch ganz verloren — die auftretenden Unregelmäßigkeiten in der Form einzelner gedruckter Zeichen hängen meist mit Abnützungserscheinungen oder technischen Mängeln zusammen.

Die Form einer Druckschrift wird ein für allemal mit der Gestaltung des Alphabetes bzw. des Typenvorrates dieser Schrift festgelegt. Die Kenntnis der verschiedenen Schrifttypen und der typografischen Eigenheiten einzelner Drucker ist vor allem für den Sammler von Frühdrucken von Bedeutung — zahlreiche Fragmente, aber auch ganze Inkunabeln, in denen der Name des Druckers, oft sogar auch noch Ort und Datum des Druckes fehlen, können nur aufgrund sorgfältiger Schrift- und Typenvergleiche einer bestimmten Offizin zugeordnet werden.

Eine vergleichende Übersicht über die wichtigsten in der Frühzeit der schwarzen Kunst bereits gängigen Schriftformen zeigt zwei Haupttypen, denen sich die verschiedenen Formen zuordnen lassen: Die ältesten Druckschriften sind die »gebrochenen« Schriften, so genannt wegen des gebrochenen Aussehens ihrer Schäfte (Vertikalen) und Bögen. Zu ihnen gehören neben der von Gutenberg für die B 42 verwendeten »Textura« oder »Missale-Schrift« auch alle anderen gotischen Typen bis hin zur sogenannten »Rundgotik« oder »Rotunda«, an deren relativ leichterem Schriftbild sich später wieder gewisse Jugendstil-Schriften und moderne Formen orientiert haben. Weitere gebrochene Schriften sind die sogenannte »Schwabacher« oder »Bastarda« und die

Die wichtigsten gebrochenen und runden Druckschriftformen: *(Nach Hussmann, Lit. I, 2.)*

Gebrochene Schriften:

𝔄𝔒𝔑𝔈𝔢𝔩𝔰𝔤𝔞 Gotik
Textur   seit 1455

𝔘𝔒𝔑𝔈𝔢𝔩𝔰𝔤𝔞 Schwabacher   seit 1480

𝔘𝔒𝔑𝔈𝔢𝔩𝔰𝔤ßa Fraktur   ca. 1513

𝔄𝔒𝔑𝔈𝔢𝔩𝔰𝔤ßa Rundgotik =
Rotunda   seit 1486

Runde Schriften:

AONEelg*Reng*   Ältere Antiqua ca. 1470
und Kursiv   1501

AONEelg*Rengm* Antiqua im Übergangsstil
und Kursiv   seit 1757

AONEelg*Ren*   Jüngere Antiqua
und Kursiv   ca. 1790

AONEelgReng   Grotesk = Steinschrift
und Kursiv   ab 1832

AONEelgRelg   Egyptienne
und Kursiv   um 1815

Since then the English typo-
graphers following more or less in the
footsteps of Caslon, have recovered
much of the lost ground; but as their
work is almost always adapted for
machine printing it has a tendency
to exaggeration of lightness and thin-
ness, which may well be corrected,
in work printed by the hand-press.

William Morris, 1891

Lo Helephante fa fuono in boccha circa lenari fimile allo
fuori fuono fimile a quello delle trombe. Solamente ebuc
mine che emafchi. In tutti glaltri e loppofito:& tra glhuo
hāno piu graue boce che lefemine. Del fanciullo che nafce
e tutto fuori. Non parla fenon dopo lanno: Ma elfigliuolc
di fei mefi: elqual prodigio fignifico laruina di tutto qui
minciono a parlare prefto penono piu a andare . Lauoci
ci anni in la & nellauecchiaia faffongla. Ne e alchuno altro
fo fimuti. Sono preterea molte cofe degne di riferire della

Nicolaus Jenson, 1470

*Die zu Ende des 19. Jahrhunderts einsetzende Erneuerungsbewegung auf
dem Gebiet der Typographie ging von England aus, wo sich z. B. William
Morris auf alte Vorbilder besann, insbesondere auf die Antiquatype von
Nicolaus Jenson (Venedig, 1470), und seine »Goldene Type« schuf, auf
die sich wiederum in Deutschland Pioniere wie Harry Graf Kessler mit
seiner Cranach-Presse stützten.*

besonders als Schrift der Reformationsdrucke Luthers bekannt gewordene »Fraktur« oder »Wittenberger«-Schrift.

Die älteste, ursprünglich von Nicolaus Jenson in Venedig um 1470 für lateinische Klassikertexte verwendete runde Schrift, die sogenannte »Antiqua«, erinnert an die römischen Großbuchstaben-inschriften der Kaiserzeit; zu ihr gesellt sich schon bald, zum Beispiel in den Klassikerausgaben von Aldus Manutius, eine nach rechts geneigte, den Handschriftcharakter imitierende »Schreib-druckschrift« oder »Kursive«. Beide Schrifttypen behaupten sich lange Zeit nebeneinander, wobei die gebrochenen Formen eher im deutschsprachigen Raum, die runden dagegen in romanischen Ländern vorherrschen; im angelsächsischen Bereich löst die Antiqua mit der Zeit immer mehr die gebrochene Form ab. Eine interessante Zwischenstellung zwischen gebrochenen und runden Formen nimmt schließlich die erstmals schon von Peter Schöffer um 1459 verwendete »Gotico-Antiqua« ein, welche verschiedene Merkmale beider Handschrifttypen enthält. Verbreitet wurden diese Schriften der Frühzeit vor allem durch die »Schriftmuster-bücher« der verschiedenen Offizinen; solche »typografischen Manuale«, die es auch im 18. und 19. Jahrhundert noch gab — man denke zum Beispiel an das berühmte »Manuale tipografico« von Gian Battista Bodoni in Parma, der Formenreichtum und Harmonie der Antiqua-Schrift auf die Spitze trieb —, stellen seltene und gesuchte Sammelstücke dar.

Zahlreiche Namen der heute noch gebräuchlichen Druckschrif-ten erinnern übrigens an die großen Typen-Schneider des 18. und 19. Jahrhunderts. In Verbindung mit den verbreitetsten Antiqua-Schriften stehen zum Beispiel die Namen William Caslon, John Baskerville, Gian Battista Bodoni, Ambroise und Firmin Didot sowie Justus Erich Walbaum, während die in Deutschland noch bis in die 30er Jahre häufig verwendeten Frakturschriften mit den Namen Johann Friedrich Unger, Immanuel Breitkopf sowie eben-falls Justus Erich Walbaum in Beziehung stehen.

Eigentlich neue Schriften entstanden erst in der typografisch so interessanten und reichen Zeit des Jugendstils, als man sich einer-seits auf früheste Schriftformen zurückbesann, andererseits mit ornamentalen Fantasieformen experimentierte.

Gestalt und Aussehen eines gedruckten Textes werden aber nicht allein von der Form der verwendeten Buchstaben bestimmt, sondern ebensosehr durch die besondere Anordnung derselben: So haben wir auf einer Buchseite stets eine genau umrissene, meist rechteckige Fläche, welche den Text enthält und von einem mehr

Die mannichfaltigſte, unermüdetſte Thätigkeit iſt ein dritter charakteriſtiſcher Zug des Menſchen, ein dritter Grund ſeiner Würde. Freilich iſt Alles in der Natur in immerwährender Bewegung und Wirkſamkeit;

Nicht nur die alten Antiquatypen, sondern auch die verschiedenen Frakturschriften erlebten gegen Ende des letzten Jahrhunderts eine Renaissance: Hier eine von Justus Erich Walbaum bereits zu Beginn des 19. Jahrhunderts geschnittene Frakturschrift, die seit 1900 in Deutschland neben weiteren Frakturschriften bis zum Beginn des 2. Weltkrieges viel verwendet wurde.

ABCDDEFGHHJIK
LMNOPQRSTTUVWX
YZCHSCHÆIVX
abcdefghijklmnopqrſst
uvwxyzchckſchßßäöü
1234567890&.,-:;!?'·»„)§

Diese »Jugendstilschrift«, von Otto Eckmann um 1900 geschaffen (daher auch Eckmannschrift), ist heute noch – oder wieder – die Grundlage zahlreicher Werbe- und Plakatschriften, während sie sich als normale Druckschrift auf die Dauer nicht durchsetzen konnte.

oder weniger breiten Rand umgeben ist. Die bedruckte Fläche nennt man den »Satzspiegel«. Es sind sowohl dessen Seitenverhältnisse als auch die richtige Wahl der Randbreiten, seine Anordnung etc., welche für die Harmonie des gesamten Textbildes entscheidend sind. Weitere für die Gestaltung des Textbildes wichtige Punkte sind die Größe (Grad), Strichdicke und der Abstand der verwendeten Buchstaben, der Zeilenabstand sowie gegebenenfalls die Anzahl der Kolonnen einer Seite. Schließlich spielen auch noch die Schriftgrade und -dicken der Titel und Zwischentitelschriften eine gewisse Rolle. In der idealen Festlegung all dieser Verhältnisse und Größen besteht die eigentliche gestalterische, oft geradezu künstlerische Tätigkeit des Druckers. Recht früh erkannte man, daß es einige Grundregeln gibt, deren Beachtung für ein ausgewogenes Textbild wesentlich ist, etwa die Forderung, eine Textseite ausschließlich mit den im Setzkasten vorhandenen Typen, Abstandsleisten, Zierleisten etc. zu komponieren und keine zusätzlichen Verzierungen anzubringen. Eine weitere Grundregel der Typografie besagt, daß man möglichst sparsam mit verschiedenen Schriftgrößen umgehen sollte und auf keinen Fall verschiedene Schriften — wie beispielsweise Fraktur und Antiqua — innerhalb eines Textes mischen sollte.

2. Das typografische System

In der Frühzeit des Buchdruckes hatte jeder Drucker für die Höhe und Breite seiner Lettern ein eigenes Maß. Im Zuge der im 18. Jahrhundert einsetzenden Vereinheitlichung von Maßen und Gewichten gelang es dem großen französischen Typografen François Ambroise Didot um 1685 nach mehreren Versuchen, ein einheitliches typografisches Maßsystem einzuführen, das im wesentlichen noch heute im Druckwesen verwendet wird. Die kleinste Maßeinheit dieses Systems zur Festlegung der Buchstabenhöhe, des sogenannten Schriftgrades, der Buchstabenbreite sowie weiterer Schrifteigenheiten ist der sogenannte »typografische Punkt«. Er entspricht 0,3759 mm im metrischen Maß; weitere davon abgeleitete Maßeinheiten werden hinzugezogen, wie der folgenden Tabelle zu entnehmen ist:

  1 Punkt = 0,3759 mm
12 Punkt = 1 Cicero   = 4,5 mm
48 Punkt = 4 Cicero   = 1 Konkordanz = 18 mm
bzw. 1 m = 2660 Punkt

HERMANN HESSE

DIESSEITS ·

KLEINE WELT ·

FABULIER-BUCH

Suhrkamp Verlag

Zu den bedeutendsten Schriftkünstlern der Nachkriegszeit dürfte Jan Tschichold gehören, der diesen Buchumschlag (1954) gestaltete.

Die jeweilige Schrifthöhe wird dabei von der obersten Überlänge, beispielsweise des kleinen f, bis zur tiefsten Unterlänge, etwa des kleinen p, gemessen. Häufig vorkommende Schrifthöhen haben dabei ihre eigene Kurzbezeichnung: Eine 6-Punkt-Schrift — der kleinste übliche und noch gut lesbare Schriftgrad — heißt »Nonpareille«; die häufig für Bücher und Zeitungen verwendete 8-Punkt- und 9-Punkt-Schriften heißen »Petit« bzw. »Borgis«. Eine 10-Punkt-Schrift, wie sie häufig für juristische Literatur gebraucht wurde, nennt man »Corpus« (von »Corpus juris civilis«) und eine 12-Punkt-Schrift »Cicero«. Das vorliegende Buch wurde zum Beispiel in einer 9-Punkt-Palatino-Schrift gesetzt.

Neben ihrer normalen Schriftdicke können Schriften auch kräftiger, nämlich **halbfett** oder sogar **fett** wiedergegeben werden, zur Hervorhebung einzelner Textteile auch *kursiv* oder g e s p e r r t.

Eine nur aus Großbuchstaben, den »Maiuskeln« oder »Versalien«, bestehende Schrift nennt man eine »Kapitalis« oder »Versalschrift«, wobei man auch von Versalwort, Versalzeile oder Versalabschnitt spricht. Eine »Initiale« ist der am Beginn einer Seite oder eines Abschnittes stehende, manchmal wie in Handschriften besonders geschmückte Großbuchstabe. Die Kleinbuchstaben oder »Minuskeln« werden in der Typografie im Gegensatz zu den Versalien als »Gemeine« bezeichnet; eine »Kapitälchenschrift« schließlich ist eine aus größeren und kleineren Großbuchstaben bestehende Schrift, wobei die kleinen Versalien statt der Kleinbuchstaben als »Gemeine« eingesetzt werden.

Schließlich wird der typografische Gesamteindruck, den ein alter Text auf uns macht, noch durch eine weitere Einzelheit bestimmt. Von Beginn an bemühten sich die alten Drucker bei wertvollen Büchern — und im 15. Jahrhundert war ein gedrucktes oder handgeschriebenes Buch immer etwas Kostbares — um eine Bereicherung des gedruckten Textes durch allerlei Buchschmuck, wie ihn die Benutzer sogenannt »illuminierter«, also mit Buchmalerei geschmückter Manuskripte gewohnt waren. Anfänglich wurden hierzu beispielsweise die Anfangsbuchstaben eines Kapitels, also die Initialen nach dem Druck von einem Buchmaler eigens von Hand ausgemalt und verziert. Etwas später und bei weniger wichtigen Druckwerken beschränkte man sich darauf, wesentliche Anfangsbuchstaben durch einen »Rubricator« (ruber, lat. = rot; wörtl. also »der Röter«) mit roter Tusche oder Deckfarbe (zuweilen auch andersfarbig) nachmalen zu lassen. Häufig überließen die Drucker der Frühzeit diese Arbeit auch dem späteren Besitzer, wobei sie besonders auszuschmückende Initialen nur durch einen

Kleinbuchstaben andeuteten, den sogenannten »Repräsentanten«, und genügend Raum zu seiner Ausmalung aussparten. Es wurden übrigens schon sehr früh erfolgreiche Versuche unternommen, in zweifarbigem Druck die manuelle Arbeit des Rubricators der Druckerpresse zu übertragen. Wohl eines der schönsten Beispiele hierfür ist das prachtvolle in rot und schwarz gedruckte »Mainzer Psalterium« von 1457. Allerdings war das Zweifarben-Druckverfahren technisch recht aufwendig und anspruchsvoll, wurden doch für die schwarzen und roten Textteile je eine besondere Druckform benötigt, die zudem mit größter Präzision nacheinander paßgenau auf das gleiche Papier gedruckt werden mußten. Es ist daher verständlich, daß der größte Teil der Rubrizierungen im 15. Jahrhundert noch von Hand ausgeführt wurden. Erst im 16. und 17. Jahrhundert kann der maschinelle Zweifarbendruck Fuß fassen, wenn auch in erster Linie für theologische und erbauliche Literatur, die übrigens in ihrer typografischen Erscheinung fast immer sehr altertümlich wirkt, so daß ein theologischer Druck aus dem 18. Jahrhundert dem oberflächlichen Betrachter leicht wie ein Druckwerk des 17. oder gar 16. Jahrhunderts vorkommen kann. Die Gesamtheit der nicht direkt zum eigentlichen Text gehörigen, sondern der Verschönerung dienenden mitgedruckten Zierleisten, Initialen, Illustrationen etc. bezeichnet man als »Buchausstattung«; ihre wechselvolle Entwicklung ist vom rein typografischen und bibliophilen Standpunkt aus ebenso interessant wie von stilistischer und kunstgeschichtlicher Warte aus.

In alten Drucken findet sich übrigens häufig eine wechselhafte und uneinheitliche Orthographie, die insbesondere hinsichtlich der Groß- und Kleinschreibung ungewohnt wirkt; als typisches Beispiel sei daran erinnert, daß in religiösen Schriften in vielen Fällen nur der Name »GOTT« groß, und zwar vollständig groß geschrieben wird, was dem Schriftbild ein charakteristisches Aussehen verleiht. Nicht so sehr das Schriftbild, sondern die Lesbarkeit eines Textes wird dagegen durch die in alten lateinischen Texten gehäuft auftretenden Abkürzungen und Wortzusammenziehungen beeinflußt, bzw. erschwert, die natürlich ebenfalls auf handschriftliche Vorbilder zurückgehen.

3. Der Buchdruck

Hatte ein Drucker die Form und Größe der verschiedenen von ihm zu verwendenden Buchstaben und Zeichen einmal festgelegt, mußte er sich in mühsamer Arbeit als Formschneider die entsprechenden Stempel für jedes einzelne Zeichen spiegelverkehrt aus hartem Metall schneiden. Um sich für den Druck eines Textbogens, in dem ja jeder Buchstabe mehrfach vorkommt, einen ausreichenden Letternvorrat zu verschaffen, vervielfältigte er daraufhin diese Stahlstempel auf dem Wege des Abgusses. Dazu wurden die Stahlstempel in ein weiches Material geschlagen, z. B. Kupfer, und der so entstandene vertiefte seitenrichtige Abdruck mit »Letternmetall« ursprünglich Blei, später einer tiefschmelzenden und relativ harten Legierung aus Blei, Antimon und Zink, mittels eines auf Gutenberg zurückgehenden besonderen Handgießgerätes, das eine gleichmäßige Länge aller Lettern gewährleistete, ausgegossen. Hatte der Drucker einen ausreichenden Typenvorrat übersichtlich in seinem Setzkasten angeordnet, begann er, die Typen zeilenweise im sogenannten »Winkelhaken« und später im »Setzschiff«, einer Art Setzrahmen, so anzuordnen, daß ein spiegelverkehrtes Abbild des zu druckenden Textes entstand. Für Ränder und Abstände bediente er sich dabei entsprechender Distanzstücke. Das gefüllte Setzschiff wurde auf eine Art Rollrahmen oder Wagen in der Druckpresse gelegt und bildete nun den Druckstempel für den abgesetzten Text; die Druckform wurde mit einer ruß- und ölhaltigen Druckfarbe, deren Erfindung ebenfalls auf Gutenberg zurückgeht, so eingefärbt, daß nur die erhöhten Teile des Buchstabenreliefs Farbe annahmen. Dann wurde ein Bogen Papier

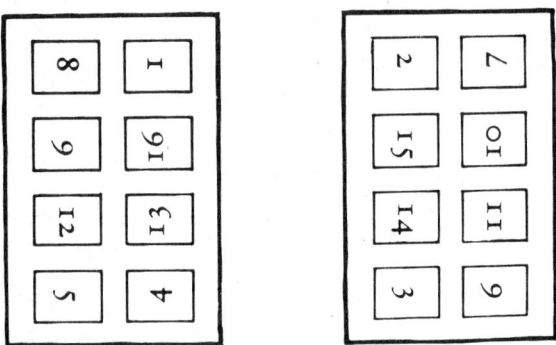

Seitenstand auf Vorder- und Rückseite des ersten 16seitigen Bogens in einem Buch; durch das anschließende Falzen des Bogens (hier: Oktavformat) kommen die Seiten in die richtige Reihenfolge.

Dieser Kupferstich von Abraham von Werdt aus dem 17. Jahrhundert vermittelt eine Vorstellung davon, wie eine Druckerei in jener Zeit angesehen hat: Im Vordergrund die Druckerpresse, an der soeben links ein Druckbogen eingepaßt (oder herausgenommen) wird, während der rechts stehende Mann die Druckform mittels zweier Tampons neu einfärbt; schräg dahinter erkennt man den Setzkasten mit den geordnet bereitliegenden Bleitypen.

oder Pergament auf die eingefärbte Druckform gelegt, bzw. mit Hilfe eines Klapprahmens an die Unterseite der Andruckplatte, den sogenannten »Tiegel«, einer Spindelpresse, geklemmt, die sich von ähnlich gebauten Weinpressen ableitete. Durch Herabdrehen der Spindel wurde der Papier- oder Pergamentbogen so fest auf die eingefärbten Metallettern gepreßt, daß er die Druckfarbe aufsaugte und mit dem seitenrichtigen Text bedruckt wurde. Aus Bequemlichkeits- und Ersparnisgründen wurden dabei oft mehrere Textseiten gleichzeitig auf einen großen Bogen gedruckt; dieser wurde anschließend so gefaltet, daß eine Art Heft mit den bedruckten Seiten in richtiger Reihenfolge entstand. Auf einem zweimal gefalteten (einmal längs und einmal quer), doppelseitig bedruckten Bogen konnte der Drucker also acht Druckseiten unterbringen. Waren die Bögen in der geplanten Stückzahl auf der Vorderseite bedruckt, wurden sie zum Trocknen aufgehängt und anschließend auf der Rückseite bedruckt. Das Kennzeichen, das er dabei auf jedem so bedruckten Bogen anbrachte, nennt man die Bogensignatur, die, wie wir noch sehen werden, zu den wichtigsten Hilfsmitteln gehört, um die Vollständigkeit eines alten Druckwerkes zu bestimmen.

Um einen sauberen Abdruck und ein regelmäßiges Schriftbild zu erhalten, mußte der Drucker nicht nur beim Absetzen des Textes im Setzschiff, sondern schon bereits beim Guß seiner Drucklettern größte Sorgfalt walten lassen. Geringste Höhenunterschiede zwischen einzelnen Typenstempeln hätten ja bereits einen zu schwachen oder zu starken Abdruck des betreffenden Buchstabens und damit eine Störung der Schriftbildharmonie zur Folge. — Drucken war von Anfang an Präzisionsarbeit.

Bevor der Drucker nun einen neuen Text drucken konnte, mußte er im allgemeinen den vorherigen Satz auflösen, um die darin gebrauchten Drucklettern wieder zu verwenden. Für einen Neudruck des betreffenden Buches mußte also stets die gesamte Setzarbeit wiederholt werden. Erst im 18. Jahrhundert wurde, unter anderem von dem Schotten William Ged und später von Firmin Didot, ein Verfahren entwickelt, das unveränderte Nachdrucke eines einmal gesetzten Textes in beliebiger Wiederholung ermöglichte: die Stereotypie. Dazu goß man den im Setzrahmen abgesetzten Text mit Gips, und die so erhaltene Hohlform wieder mit Blei oder Letternmetall aus, wodurch man eine als Druckplatte verwendbare Satzkopie (sog. »Stereos«) erhielt. Erst durch dieses Verfahren ließen sich billige Massenauflagen herstellen; mit der Zeit entwickelte sich sogar ein florierender Handel mit solcherart vervielfältigten Druckplatten. Ein ähnliches Verfahren, in dem als Zwischenform statt Gips biegsamer, feuchter Karton verwendet wurde, ermöglichte es, zylindrische Druckplatten für die Druckzylinder der modernen Rotationsdruckmaschinen herzustellen.

Das bisher geschilderte Verfahren des Buchdruckes blieb im wesentlichen über 500 Jahre die einzige Möglichkeit zur Herstellung gedruckter Bücher; erst seit der Mitte unseres Jahrhunderts zeichnet sich hier ein grundlegender Wandel ab: Der prinzipiell vom Buchdruck verschiedene Offsetdruck findet immer mehr auch bei der Herstellung hochwertiger Druckerzeugnisse in hoher Auflage Verwendung.

4. Bilddruckverfahren

Mit zu den wichtigsten Ausstattungsmerkmalen eines Buches gehören seine Illustrationen. Für ihre Herstellung wurden im Laufe der Zeit die verschiedensten Verfahren entwickelt und eingesetzt. Die gesamte Technik des Bilddruckes gehört nun eigentlich nicht hierher, sondern in das große Sammelgebiet der dekorativen Grafik; im folgenden gehe ich daher auf die Eigenheiten der verschiedenen Bilddruckverfahren und grafischen Techniken nur soweit ein, wie es für den Büchersammler notwendig ist. Jeder Bibliophile sollte in der Lage sein, einen Buchholzschnitt aus dem 16. Jahrhundert von einer Radierung des 18. oder gar einem Holzstich des 19. Jahrhunderts zu unterscheiden.

Das wichtigste Handwerkszeug zur Beurteilung verschiedener Illustrationstechniken sind Erfahrung und Übung sowie ein sorgfältig beobachtendes Auge, gegebenenfalls unterstützt durch eine fünf- bis fünfzehnfach vergrößernde Lupe, die zum festen »Untersuchungsbesteck« jedes Büchersammlers gehört.

Grundsätzlich gibt es drei verschiedene Druckverfahren; den Hochdruck, den Tiefdruck und den Flachdruck. Beim Hochdruck wird die zu druckende Zeichnung als erhabenes Relief spiegelverkehrt aus der Druckplatte herausgearbeitet, so daß man nachfolgenden Einfärben des Druckstockes mit einer Farbwalze nur diese hervorstehenden Teile Farbe annehmen. Der so eingefärbte Druckstock wird dann auf den Druckträger gepreßt und ähnlich einem Stempel abgedruckt. Zu den Hochdruckverfahren gehören neben dem schon beschriebenen Buchdruck der Holzschnitt, der Holzstich bzw. die Xylografie, der Metallschnitt und der Schrotschnitt.

Beim Tiefdruck dagegen wird die zu druckende Zeichnung ebenfalls spiegelverkehrt in die — meist metallene — Druckplatte eingeritzt. Nach dem gründlichen Einfärben, bei dem natürlich die ganze Druckplatte Farbe annimmt, wird anschließend mit Hilfe eines Reibeballens die überschüssige Farbe wieder entfernt und die Druckplatte so lange poliert, bis sich nur noch in den zu druckenden Vertiefungen Farbe befindet. Der Abdruck erfolgt auf ein angefeuchtetes, weiches und saugfähiges Papier, welches mit beträchtlichem Druck gegen die Platte gepreßt wird und so die in den Vertiefungen der Platte enthaltene Druckfarbe aufnimmt.

Zu den Tiefdruckverfahren gehören Kupfer- und Stahlstich sowie alle Arten von Radierungen. Sie gehören seit dem Ende des 17. Jahrhunderts zu den wichtigsten Illustrationsverfahren für

Bücher und zwar sowohl für den künstlerischen Schmuck literarischer Werke als auch für die Bebilderung topografischer Bücher und Ansichtssammlungen, wissenschaftlicher Werke, Atlanten etc. Ferner stellen sie eines der geläufigen Verfahren für den Musiknotendruck dar. In stark verfeinerter Form gelangen Tiefdruckverfahren auch heute noch zum Einsatz, wenn es auf höchste Druckqualität ankommt, beispielsweise für den Banknoten-, Wertpapier- und Briefmarkendruck, als Mehrfarbendruck, etwa für die Herstellung von Faksimiles alter Bücher sowie manchmal für den Zeitschriftendruck.

Beim Flachdruck werden besondere Druckplatten chemisch so präpariert, daß sie nach dem Einfärben nur dort Farbe annehmen, wo vorher die zu druckende Zeichnung mit einer Spezialkreide aufgebracht worden war. Die wichtigsten Flachdruckverfahren sind die Lithografie und die verschiedenen lithografischen Techniken, Zinkografie und, als moderne Variante, die verschiedenen Offsetdruckverfahren.

Im Hinblick auf die Buchherstellung gibt es zwischen den Hochdruckverfahren einerseits und den Tief- und Flachdruckverfahren andererseits einen grundlegenden Unterschied. Abbildungen, die im Hochdruck wiedergegeben werden sollen, können normalerweise zusammen mit dem Buchtext in einem Arbeitsgang abgedruckt werden. Der andersartige Einfärbe- und Druckvorgang bei Tief- oder Flachdruckillustrationen macht es erforderlich, solche Abbildungen entweder in einem zweiten Arbeitsgang in hierfür vorgesehene Textfreiräume zu drucken, oder, was häufiger vorkommt, diese Abbildungen auf gesonderte, später dem Text beigebundene Blätter zu drucken.

Der Holzschnitt

Er gehört zu den ältesten Bilddrucktechniken überhaupt und wurde auch zur Illustration gedruckter Bücher am frühesten eingesetzt wobei gelegentlich eine Harmonie zwischen Text und Abbildung erzielt wurde, wie später von keinem anderen Verfahren mehr. Das zu druckende Bild wird aus einem Stück Längsholz erhaben herausgeschnitzt, eingefärbt und mittels einer Presse auf weiches saugfähiges Papier abgedruckt. Der Holzschnitt wurde bis ins späte 16. Jahrhundert sehr häufig zur Buchillustration herangezogen, später vom Tiefdruckverfahren weitgehend abgelöst und ist erst im 19. und 20. Jahrhundert wieder zu Ehren gekommen. Manchmal läßt er noch die Maserung und den Faserverlauf der

Drei Holzschnitt-Zierinitialen aus einer venetianischen Terenzausgabe des
16. Jahrhunderts (Haeredes J. M. Bonelli, 1573; alle vergrößert).

Carolus Magnus der erste
Teutsche Keyser.

Carolus der Groß / ein Franck deß Geblüts /
    Ein thewrer Fürst / eins edlen Gemüts /
Kühn / weiß / mechtig / vnd grosser Sterck /
    Das zeugt sein That / vnd all sein Werck /
Erlangt von wegen seins hohen Rhums /
    Die Monarchey deß Keyserthumbs /
Welcher mit Ehrn vnd grosser Macht /
    Hat erstlich an die Teutschen bracht /
Welchs auch in Ehrn in Teutschen Landen /
    Hat bey achthundert Jarn gestanden /
Da es biß an das End wol bleibt /
    Wie denn der Prophet Daniel schreibt /
Er hat Teutschlandt gar erhaben /
    Erleucht mit vielen thewren Gaben /
Mit Policey vnd Gebäuwen ziert /
    Viel grosser fährlich Krieg geführt /
Alln Vngehorsam vnterbracht /
    Gut Regiment vnd Frieden gemacht /
Hat Gottseligkeit vnd Kunst geliebt /
    Vnd sich in aller Tugendt geübt /
Gestifftet hoher Schulen drey /
    Pariß / Bononi vnd Pauen /
Deß sich beyd Ost vnd die Westfrancken /
    Zu rühmen habn vnd zu bedancken.

Den

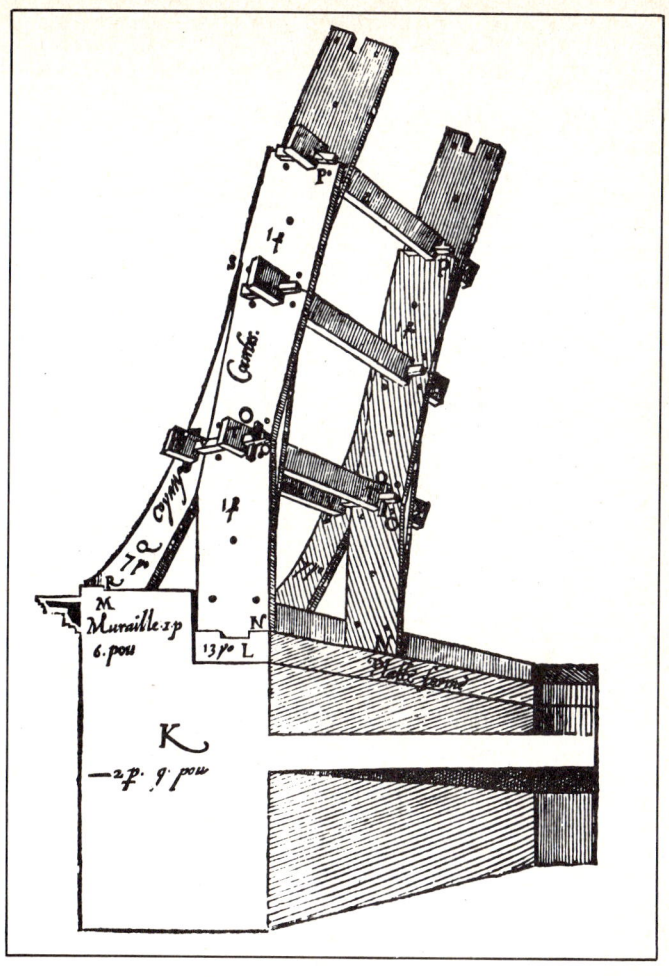

Technische Holzschnittillustration aus dem Architektur-Lehrbuch von Philibert de l'Orme, das 1626 von Regunauld Chaudiere in Paris gedruckt wurde.

◁ Holzschnittportrait von Karl dem Großen, von Jost Ammann für den Frankfurter Drucker Johann Feyerabend um 1580 geschnitten.

A *Martyres torrebantur*
B *Vel tedis,*
C *Vel funalibus,*
D *Aut ardentibus lampadibus, quarum figura etiam in equules pag. 95. C.*
   exprimitur.

T 2

Holzschnitt aus Antonius Gallonius, »De SS. Martyrum Cruciatibus«, Rom,
1594

Beispiele für mangelhafte Holzschnittabzüge: Oben ein zu schwacher und daher undeutlicher, unten ein zu starker und daher teilweise zerquetschter Abdruck aus demselben Buch.

Druckplatte erkennen. In der Frühzeit wirkte er oft charakteristisch schematisch wie eine Umrißzeichnung, aber schon zu Beginn des 16. Jahrhunderts beherrschten einzelne Künstler diese Technik so, daß sie in ihren Ausdrucksmöglichkeiten den späteren Druckverfahren kaum nachstand. Zwar war das verwendete Längsholz relativ weich, die mechanische Beanspruchung beim Drucken aber so gering, daß man von einem guten Holzstock einige Tausend brauchbare Abzüge erhielt. Bei falscher Lagerung des Druckstockes treten Risse auf, die im Druck als weiße Linien sichtbar werden. Durch eine zu hohe Ausnutzung des Stocks werden die feinsten

Der als eines der ersten Bilddruckverfahren auch maschinell gut durchführbare Holzstich (Xylographie) konnte sich im 19. Jahrhundert auch für illustrierte Zeitschriften durchsetzen, wie unser Beispiel aus der »L'Illustration« vom 4. April 1864 zeigt.

Auch für technische Illustrationen konnte sich der Holzstich im 19. Jahrhundert und zu Beginn des 20. Jahrhunderts neben dem präziseren, aber aufwendigeren Stahlstich gut behaupten.
(Dampffeuerspritze aus »Die Industrie Amerikas«; nach der Weltausstellung in Philadelphia 1877 erschienen)

Linien, die ja nur ganz zarten Stegen der Druckplatte entsprechen, verbreitert, wobei nahe beieinanderliegende Teile bald soweit zerquetscht sind, daß sie ineinanderfließen. Ein später, schlechter Abdruck eines Holzschnittes ist also deutlich von einem frischen Abzug unterscheidbar: Entweder wirkt er insgesamt zu dunkel, indem feine Details stark verbreitert oder gar zerdrückt erscheinen, oder der Drucker hat versucht, den schon lädierten Druckstock zu schonen, indem er ihn nur mit geringem Pressendruck abzog. Dabei drucken allerdings gerade die abgenutzten Stellen des Holzstockes kaum mehr, so daß ein undeutlicher, schwacher Abzug entsteht.

Nicht mit dem Holzschnitt zu verwechseln ist der sogenannte Holzstich, oft auch Xylografie (Xylon, griech. = Holz) genannt, ein weiteres Hochdruckverfahren, das vor allem im 19. und beginnenden 20. Jahrhundert auftritt. Der Unterschied zum Holzschnitt besteht darin, daß man statt des weichen Längsholzes eine geschliffene Stirnholzplatte verwendet, deren härtere Oberfläche nicht nur viel mehr Abzüge vom selben Druckstock ermöglicht, sondern auch wesentlich feinere Detaildarstellungen erlaubt, z. B. technische Abbildungen oder auch Halbtonbilder.

Dem Holzstich sehr ähnlich wirken die sogenannten Zinkotypien, ebenfalls im Hochdruck entstandene Bilder, denen eine Zinkplatte als Druckstock diente, aus der das zu druckende Relief mit Säure herausgeätzt wurde.

Der Metallschnitt

Für den Metallschnitt wird die Zeichnung in die metallene Druckplatte eingeritzt, anschließend jedoch die Druckplatte wie beim Hochdruck eingefärbt, so daß in die vertieften Stellen keine Farbe gelangt. Dadurch erhält man einen negativen Druck, bei dem die Zeichnung weiß auf dunklem Grund erscheint. Ein ähnliches Verfahren stellt der sogenannte Schrotschnitt dar, bei dem die Zeichnung mittels einer Punze in weiches Metall eingehämmert wurde, wodurch die für dieses frühe Verfahren charakteristische

Metall- und Schrotschnitt, letzterer erkennbar an seiner »schrotartigen« Musterung der schwarzen Flächen, wurden außer für Zierinitialen auch gerne für Druckermarken, Bordüren etc. verwendet; hier die Druckermarke von Denis Toussains, um 1517

*Vier typische, jeweils verschieden große Schrotschnittinitialen, wie sie der franzö-
sische Drucker Josse Bade um 1510 nebeneinander im selben Werk verwendete.*

punktierte Struktur entsteht. Beide Verfahren kamen nur in der Frühzeit des Buchdruckes zur Anwendung, wobei allerdings der Schrotschnitt ziemlich häufig für Zierinitialen, Druckermarken etc. eingesetzt wurde.

Der Kupfer- und Stahlstich

Der Kupferstich gehört zu den ältesten Tiefdruckverfahren und wurde schon früh, unter anderém von Dürer, für die Illustration von Büchern verwendet. Die Zeichnung wird hier wiederum seitenverkehrt mit dem »Grabstichel« und anderen Stahlwerkzeugen in eine weiche Kupferplatte eingeritzt und anschließend so abgedruckt, wie es schon im einleitenden Abschnitt über Tiefdruckverfahren beschrieben wurde. Seit dem Beginn des 19. Jahrhunderts wurden anstelle der weichen Kupferplatten solche aus Stahl verwendet, die dank ihrer Härte zwar wesentlich mehr Abzüge gleichbleibender Qualität von derselben Platte ermöglichen, jedoch schwerer zu bearbeiten sind und entsprechend »küh-

Dieser Stich aus der berühmten Enzyklopädie von Diderot und D'Alembert zeigt eine Kupferdruckwerkstätte des 18. Jahrhunderts; während der vordere Arbeiter eine Platte bearbeitet und der hintere gerade mit einem Ballen aus Stoff eine Druckplatte einfärbt, betätigt der dritte die Pressenspindel.

»Die Mißgeburt eines Schweins«, Kupferstich von Albrecht Dürer, um 1496

ler« wirkende Bilder lieferten. Nicht zu verwechseln mit dem Stahlstich ist der Druck ab »verstählter Platte«, ein sowohl in der Künstlergrafik als auch für Buchillustrationen seit der Mitte des 19. Jahrhunderts häufig angewandtes Verfahren. Dabei wird die weiche Kupferplatte nach der Bearbeitung — oft auch nach dem Abzug einiger besonders teurer Abzüge von der noch unverstählten Platte — durch eine galvanisch aufgebrachte dünne Chromschicht gehärtet und so für hohe Auflagen tauglich gemacht.

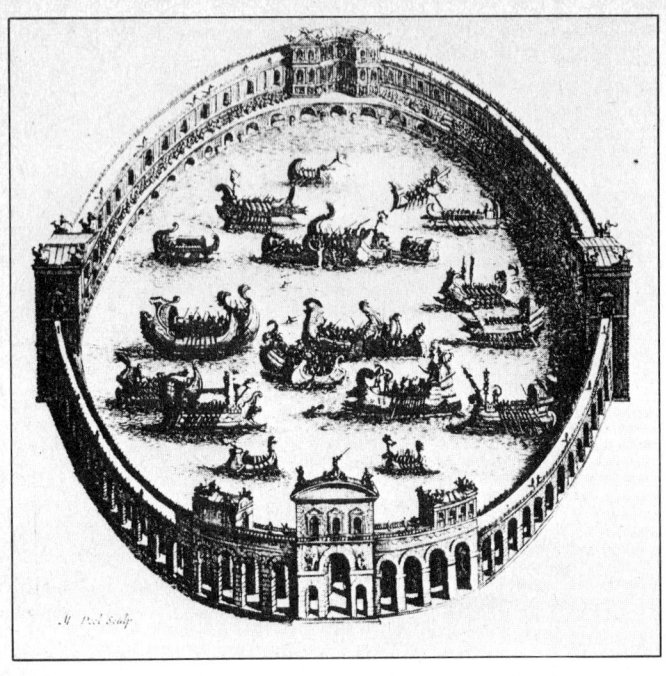

Typische Kupferstichvignette als Abschluß einer Seite in der Suetonausgabe von 1714

Die Radierung

Eine Radierung entsteht ähnlich wie ein Kupferstich, nur wird das mühsame Eingraben der Zeichnung in die Metallplatte hier von ätzenden Chemikalien — meist Säuren — übernommen. Hierzu wird die polierte Kupferplatte mit einer dünnen Wachsschicht überzogen, aus welcher der Künstler anschließend mit der Radiernadel die gewünschte Darstellung spiegelverkehrt herauskratzt. Wenn die so vorbereitete Platte dann ins Ätzbad gelegt wird, kann die Säure nur dort das Metall angreifen, wo es von der schützenden Wachsschicht befreit ist. Radierung und Kupferstich sind mehr oder weniger gleich alte Techniken; das für ihre Unterscheidung wichtigste Merkmal ist der Gesamteindruck: Während vor allem bei alten Kupferstichen aus technischen Gründen nur selten enge Rundungen auftreten, wirkt eine Radierung viel leichter und erinnert oft an eine Federzeichnung. Unter der Lupe zeigen die Linien von Kupferstich und Radierung zudem einen charakteristischen Unterschied: Erstere haben stets spitz zu- und auslaufende Enden, während geätzte Linien normalerweise stumpf beginnen und enden.

Neben den reinen Formen von Stich und Radierung gibt es unzählige Spezial- und Mischtechniken, die zum Teil nur mit Mühe voneinander unterscheidbar sind. So liegt zum Beispiel eine Mischtechnik schon dann vor, wenn ein Kartenstecher oder Illustrator, wie etwa Matthäus Merian, aus Bequemlichkeit zwar den überwiegenden Teil einer Stadtansicht radierte, die geätzte Kupferplatte jedoch vor dem Druck nochmals mit dem Grabstichel überarbeitete und Details hinzufügte. Als Beispiel für eine wichtige Spezialtechnik sei noch die Aquatinta-Radierung erwähnt, die den Druck feinkörniger Halbtonflächen anstelle der sonst üblichen Schraffuren ermöglichte.

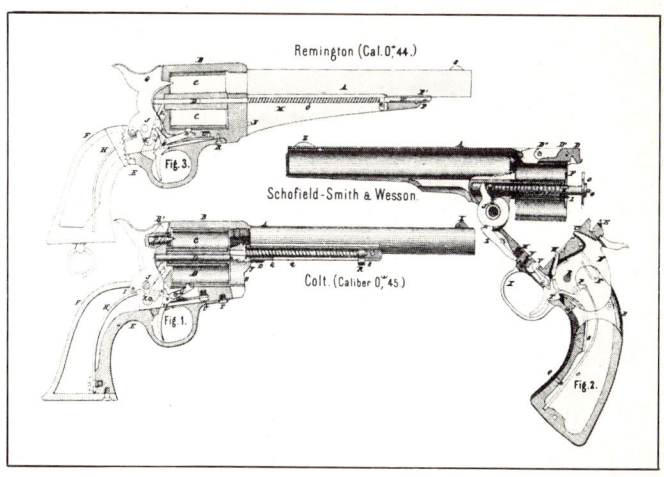

Eine sehr wichtige Anwendung fand der Stahlstich bis ins 20. Jahrhundert für die exakte Wiedergabe komplizierter Pläne und technischer Skizzen (Grothe, »Die Industrie Amerikas«, Berlin 1877)

Ein gemeinsames Merkmal weisen alle Tiefdrucke, gleichgültig ob Radierung oder Stich, auf, nämlich den sogenannten Plattenrand. Dieser liegt nicht, wie der Plattenrand von Schrotschnitten, genau am Ende der Darstellung, sondern stets etwas außerhalb derselben. Allerdings kann der Plattenrand beim Beschnitt des fertigen Buches weggefallen sein, so daß sein Fehlen noch kein Hinweis auf eine andere Technik sein muß.

Umrißkupfer aus einem Mythologielehrbuch von A. H. Petiscus, das 1823 in Reutlingen erschien.

Radierung aus den Fabeln des Johann Meyer von Knonau, die 1757 in Zürich bei Orell und Comp. erschienen.

Lithografie und Offsetdruck

Das erste Flachdruckverfahren, die Lithografie (= Steindruck), wurde 1797 von Alois Senefelder in München erfunden. Als »Druckstock« wurde ursprünglich eine poröse, glatt geschliffene Kalksteinplatte verwendet. Diese wurde vor dem Einfärben mit der fetthaltigen Druckfarbe mit Wasser angefeuchtet, so daß sie die Druckfarbe nur dort annahm, wo mit der ebenfalls fetthaltigen Lithografenkreide die spiegelverkehrte Zeichnung aufgezeichnet worden war. Später wurde diese Kalksteinplatte manchmal durch eine Zinkplatte ersetzt, woraus die Zinkografie (nicht zu verwechseln mit dem Hochdruckverfahren Zinkotypie) entstand, die auf einigen Umwegen schließlich zu dem relativ komplizierten Offsetdruckverfahren geführt hat. Dessen wesentliche Neuerung besteht darin, daß die Druckfarbe nicht mehr direkt von der Druckplatte auf das Papier, sondern zuerst auf einen Zwischenträger — meist ein Gummituch — übertragen und von diesem auf das Papier gebracht wird.

Lithographie von Honoré Daumier: »Der romanschreibende Blaustrumpf«.

Lithografien können in vielfältigster Gestalt auftreten und praktisch jede grafische Technik imitieren, von der Kreideskizze über Gouache und Aquarell bis zur Federzeichnung und Radierung. Als universelles und für die Farbwiedergabe geeignetes Verfahren (Chromo-Lithografie) haben sich die Lithografie und die von ihr abgeleiteten Techniken in der Buchillustration schon relativ früh einen festen Platz erobert; als »Inkunabeln der Lithografie« bezeichnet man übrigens all jene Lithos, die bis 1821 entstanden sind. Erkennbar ist die Lithografie oft daran, daß hier im Unterschied zu den Tiefdruckverfahren kein Plattenrand auftreten muß; die genauere Bestimmung des jeweiligen Bilddruckverfahrens wird im Verlaufe des 19. Jahrhunderts jedoch selbst für den Fachmann immer schwieriger.

Lithographie von Toulouse Lautrec: »Frühreife«.

Der Musiknotendruck

An dieser Stelle muß noch kurz auf den Musiknotendruck eingegangen werden, der die Drucker lange Zeit vor beträchtliche
Probleme gestellt hat. Zur Wiedergabe des Notenbildes wurden
nämlich Bilddruckverfahren wie Holzschnitt und Kupferstich
eingesetzt. Zu Beginn der Buchdruckerei, als die Wiedergabe von
Musiknoten vor allem für kirchliche und liturgische Belange
benötigt wurde, sahen sich die Frühdrucker vor eine besondere
Schwierigkeit gestellt: Um die konservative, an ein Notenbild mit
roten Linien und schwarzen Noten gewöhnte Geistlichkeit für ihre
Produkte zu gewinnen, mußten sie im zweifarbigen Holzschnitt
drucken, einem an sich schon bekannten Verfahren, das hier jedoch
mit besonderer Präzision durchgeführt werden mußte, wollte man
nicht zu Behelfslösungen wie z. B. dem nachträglichen manuellen
Einfügen der Noten in die rot vorgedruckten Notenlinien greifen.
Erst im 16. Jahrhundert, als in immer größerer Menge auch weltliche
Notensammlungen, für die das einfarbige Notenbild genügte,
gefragt waren, gab der Pariser Drucker Pierre Attaignant im Jahre
1532 die ersten Musikwerke heraus, deren Noten jeweils in einem
einzigen Arbeitsgang gedruckt worden waren. Mit jeder Einzel-
note wurden auch die zu ihr gehörigen kurzen Linienabschnitte
gedruckt. Im Zuge der Rationalisierung und Mechanisierung von
Kupfer- und Stahlstich konnte sich aber das gestochene Notenbild
besser durchsetzen als das gedruckte; mit der Lithografie ergab sich
dann im 19. Jahrhundert noch eine weitere, auf einem Bilddruckverfahren beruhende Möglichkeit zur bequemen Notenwieder-
gabe. Typisch für diese Entwicklung ist die nachmals legendäre Leip-
ziger Notenstecherei Breitkopf und Härtel, die zwar seit der Mitte
des 18. Jahrhunderts mit Einzeltypen gedruckte Notenwerke her-
ausgab, um 1830 jedoch wieder auf Stich und Lithografie überging.

Frühes Beispiel eines spanischen Musiknotendruckes, von Meinardus Ungut und ▷
Stanislaus Polonus 1494 in Sevilla gedruckt. Das sog. »Prozessionarium« ist zwei-
farbig; während die Noten selbst schwarz sind, hielt man sich für die jeweils vier
Notenlinien traditionsgemäß an die Farbe Rot.

et coadiūtozes eius in capucijs cūm eo Lumqʒ ad meʒ
dium capituli puenerit. stans verso vultu ad crucifixū
dicat humili voce hanc ozationem.

Lriones nṝas quesum⁹ domine aspirando
pneni ꝫadiuuādo ꝓsequere: vt cūcta nṝa
opatio ate semp icipiat ꝫp te cepta siniaꝫ
Per xpristum dominum nostrum. Amen.
Qua ozatiōe termiata per xꝑm. Lātoz iṇ
cipiat añaʒ sequenté. Dūs ihes⁹. ꝫversuʒ De⁹ misereaꝫ
nṝi. ꝫcōuent⁹ ꝓsequaꝫ que cantāda sunt: cātoze incipi
ꞇantiphonas ꝫversus. Ad mandatū antiphona.

Omi   nus ihe sus postꝗꝫ cena

ui t cū discipulis su is la uit pedes e ozū

et a it i   llis sci   tis quid

fece rim vo   bis ego domi nus ꝫ ma

d j

P Er ómnia sǽcula sæculórum.

R. Amen. V. Dóminus vobíscum.

R. Et cū spíritu tuo. V. Sursum corda. R. Habêmus ad Dóminum. V. Grátias agâmus Dómino Deo no stro.

R. Dignum & justum est.

Vere dignum & justum est, æquum & salutâre, nos tibi semper, & ubìque grátias agere: Dómine sanĉte, Pater omnípotēs ætérne Deus. Qui a per incarnáti Verbi mysté rium, nova mentis noſtræ óculis lux tuæ claritâtis infúlsit: ut dum visibíliter Deum cognóscimus, per hunc in invisibílium amórem rapiâmur. Et ídeò cum Angelis, & Archángelis, cū Thronis & Domi-

Der Lichtdruck und die Heliogravüre

Es seien an dieser Stelle noch zwei wichtige anspruchsvolle Flachdruckverfahren angeführt, denen vor allem der Sammler von
Büchern des 19. und 20. Jahrhunderts immer wieder begegnet. Der
Lichtdruck wird seit der Mitte des letzten Jahrhunderts für die
besonders hochwertige Wiedergabe aller Arten von Strich- und
Halbtonvorlagen verwendet. Gedruckt wird hier ab einer gelatine-
beschichteten Glasplatte. Die Gelatineschicht quillt durch ein
fotografisches Verfahren zu einem, dem jeweiligen Schwärzungs-
grad (= Tonwert) entsprechend tiefen Relief. Lichtdrucke erkennt
man daran, daß sie unter der Lupe eine unregelmäßige Formstruk-
tur, nämlich das bei der »kontrollierten Schrumpfung« der Gela-
tinedruckschicht entstandene Runzelkornraster, zeigen, im Gegensatz zum regelmäßigen Raster der modernen Druckverfahren.

Nicht mit diesem Lichtdruck zu verwechseln ist die sogenannte
Heliogravüre, die seit 1878 ebenfalls für hochwertige Druckerzeugnisse in Gebrauch ist, und damit das älteste fotografische Tiefdruckverfahren überhaupt darstellt.

Nicht näher eingegangen wurde in diesem Abschnitt auf die zahlreichen modernen Druckverfahren; für den Sammler dürfte es
genügen zu wissen, daß jedes Bild, das unter der Lupe eine regelmäßige Punktstruktur (Raster) zeigt, auf modernem Wege gedruckt
wurde.

Kolorit und Farbdruck

Schon früh versuchte man, dem grafisch wirkenden Holzschnitt
Farbe zu verleihen, sei es aus ästhetischen Gründen, wie in alten
Bibeln, oder aus wissenschaftlichen Erfordernissen, wie etwa in
alten Kräuterbüchern und auf Landkarten. Die Arbeit des Kolorie-
rens, wie man die Technik des Ausmalens alter Stiche und Holzschnitte nennt, wurde allerdings meistens vom Käufer des jeweiligen Buches ausgeführt, bzw. unterlassen. Seltener kam es vor, daß ein Verleger einen Buchmaler damit beauftragte. Dies erklärt, warum das
Kolorit der gleichen Abbildung in verschiedenen Exemplaren dessel-

---

◁ *Im Vergleich mit dem Notendruck des 15. Jahrhunderts läßt sich an diesem
Notenbild eines 1684 in Kempten gedruckten Missales kaum eine Veränderung
erkennen, was nicht nur charakteristisch für die konservative Typographie
geistlicher Werke ist, sondern auch ahnen läßt, welche Schwierigkeiten einem
rationelleren Notendruck im Wege standen.*

ben Werkes selten ganz übereinstimmt. Oft wirken auf uns die unkolorierten Holzschnitte, Kupferstiche und Radierungen dank ihres ungestörten grafischen Reizes viel unmittelbarer als die farbigen Abbildungen; um so bedauerlicher ist es, daß seit dem 19. Jahrhundert unkolorierte Holzschnitte in alten Büchern nachkoloriert wurden (und heute noch werden), um ihren Wert zu erhöhen; es handelt sich dabei übrigens weder um eine Irreführung noch um eine Fälschung, wenn ein solches Buch unter der Bezeichnung »handkoloriert« verkauft wird — handkoloriert heißt ja noch lange nicht altkoloriert. Ein altes Kolorit ist dabei manchmal kaum von einem gutausgeführten Neukolorit zu unterscheiden. Typisch für originales Kolorit sind entgegen landläufigen Vorstellungen nicht etwa besonders zarte, pastellhaft wirkende Farben, sondern eher kräftige Töne sowie eine vor allem auf alten Holzschnitten, oft aber auch auf Kupferstichen, Radierungen und Karten anzutreffende Unsorgfältigkeit der Ausmalung. Koloriert wurde seit jeher fast immer mit Wasserfarben, die bei fabrikmäßigem Kolorit zuweilen mit Hilfe von Schablonen aufgetragen wurden. Wer sich etwas eingehender mit der Problematik des Kolorits alter Abbildungen auseinandersetzen möchte, sollte an einem billigen alten Pflanzenstich einmal selbst versuchen, diesen zu kolorieren!

Mit den verschiedenen Farbdruckverfahren brauchen wir uns an dieser Stelle nicht näher zu befassen. Der zweifarbige, meist rotweiße Holzschnitt der Frühzeit stellt die älteste Form der Farbdrucke in Büchern dar. Im 18. Jahrhundert wurden bereits Versuche mit mehrfarbigen Kupferstichen unternommen; durchsetzen konnte sich die farbig gedruckte Buchillustration jedoch erst mit der Erfindung der Mehrfarbenlithografie zu Beginn des 19. Jahrhunderts, die als sogenannte »Chromolithographie« oft zehn und mehr Drucksteine (später auch Zinkplatten), je nach Anzahl zu druckender Farben, erforderte. Der moderne, gerasterte Drei-, Vier- oder Mehrfarbendruck hat sich seit der Mitte des 19. Jahrhunderts langsam entwickelt.

5. Der Bucheinband

Seine äußere Form erhält das Buch durch den Einband. Wie bei der Schrift wurden auch hier von den ersten Druckern bewährte Konzepte übernommen, nämlich der bekannte Holzdeckeleinband, der bereits Jahrhunderte vor der Erfindung des Buchdruckes als Einband der handgeschriebenen Codices in Gebrauch war. Ursprünglich hatten diese massigen, meist lederüberzogenen Holzdeckeleinbände dem Schutz der kostbaren Handschriften zu dienen. So wissen wir z.B. aus alten Abbildungen, daß die

Von links nach rechts: Ein Pergamentband des 16. Jahrhunderts, 2 Pergament-, ein Papp- und 3 Ledereinbände mit Rückenvergoldung aus dem 18. Jahrhundert, 2 Lederbände aus dem 19. Jahrhundert sowie ein halblederner Jugendstileinband.

gelegentlich sogar angeketteten Bücher in einer Klosterbibliothek nicht wie heute mit dem Rücken nach außen, sondern Rücken an Rücken, bzw. mit dem Rücken zur Wand in den Regalen standen. Um die Mitte des 15. Jahrhunderts wurde jedoch auch schon die Verzierung des äußeren Buchgewandes gepflegt. Bemerkenswert ist, daß die Technik des Handeinbandes, wie sie vor 500 Jahren üblich war, bis heute im wesentlichen unverändert erhalten geblieben ist, trotz zahlreicher neuer maschineller Bindetechniken. Dies hat den Vorteil, daß heute nicht nur Spezialisten, sondern auch »gewöhnliche«, gut ausgebildete Buchbinder durchaus in der Lage sind, kleinere Reparaturen an alten Büchern vorzunehmen. Dem Sammler wiederum helfen gewisse Grundkenntnisse über die Entstehung und Vielfalt der Bucheinbände, nicht nur den Wert eines Buches, seine Vergangenheit oder sein Alter besser zu erfassen, sondern auch dessen Zustand richtig zu beurteilen und gegebenenfalls den Reparaturaufwand abzuschätzen.

Ein Buch wird gebunden

Nachdem die bedruckten Bögen gut getrocknet sind, faltet sie der Buchbinder so, daß die Seiten in die richtige Reihenfolge gebracht werden. Die dergestalt gefalteten Bögen werden dann entlang ihres Rückenfalzes durch ein paar Stiche mit Nadel und einem starken Faden zusammengenäht. Je nach der Anzahl der auf einer Bogenseite gedruckten Textseiten ergibt dies Papierlagen zwischen 2 und 16 Blättern, die anschließend ebenfalls in der richtigen Reihenfolge in der »Heftlade« aufeinandergelegt und geheftet werden. Hierzu wird durch jede der beim Vernähen der Lagen an deren Rücken entstandenen Fadenösen, die ja nun übereinanderliegen, ein kräftiger Streifen aus Leder, Kordel oder Pergament gezogen. Dies sind die sogenannten Bünde, die man bei gewissen Einbandtypen in Form mehrerer Rippen am Buchrücken als »plastische Bünde« noch erkennen kann. Mit dieser Heftung der einzelnen Lagen des Buches auf mehrere Bünde ist der sogenannte »Buchblock« ent-

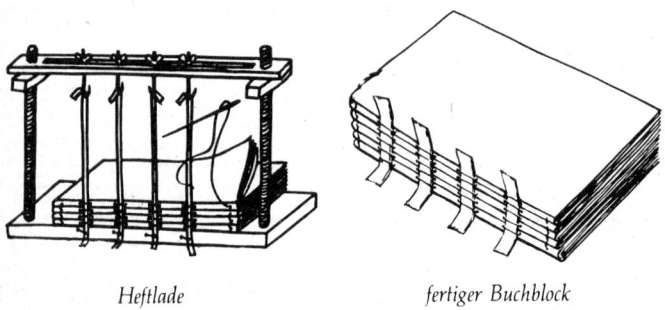

Heftlade   fertiger Buchblock

In einer »Heftlade« werden die zu Lagen gefalzten und vernähten Bögen auf Pergament- bzw. Lederriemen oder Schnur »geheftet«, so daß schließlich der Buchblock entsteht, an dessen vorstehenden »Bünden« noch der Einband befestigt wird. (Nach Hussmann, Lit. I, 2.)

Das fertige Buch und seine Teile

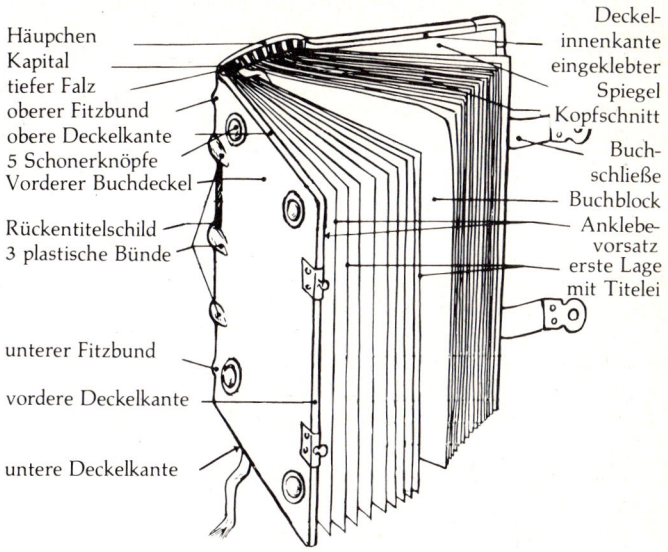

Häupchen
Kapital
tiefer Falz
oberer Fitzbund
obere Deckelkante
5 Schonerknöpfe
Vorderer Buchdeckel

Rückentitelschild
3 plastische Bünde

unterer Fitzbund

vordere Deckelkante

untere Deckelkante

Deckel-
innenkante
eingeklebter
Spiegel
Kopfschnitt
Buch-
schließe
Buchblock
Anklebe-
vorsatz
erste Lage
mit Titelei

(Nach Hussmann, Lit. I, 2.)

standen, der nun an seiner oberen und unteren Kante geschnitten wird, so daß die bisher noch verbundenen Seiten jeder Lage zum Blättern offen sind. Schließlich wird der Rücken des Buchblocks mit Leim eingestrichen und rundgeklopft. Der eigentliche Bucheinband, bestehend aus den beiden Buchdeckeln und dem Rücken, kann nun mit Hilfe der immer noch aus dem geleimten Buchblock hervorstehenden Bünde befestigt werden. Nach dem Einledern des Einbandes und dem Bekleben der Deckelinnenseiten mit den sogenannten »Spiegeln« ist das Buch im wesentlichen fertig. Verziert wird der Bucheinband noch häufig mit Metall- oder Elfenbeinbeschlägen sowie mit vertieften, manchmal auch vergoldeten Mustern und Bilddarstellungen, die meist mit Hilfe eines erwärmten, manchmal abrollbaren Metallstempels eingeprägt werden. Der moderne, seit der Mitte des 19. Jahrhunderts immer mehr verbreitete Maschineneinband beruht im wesentlichen auf demselben Prinzip wie der geschilderte alte Handeinband, nur daß hier die Fixierung der gefalzten Bögen oft mittels Metallklammern erfolgt, und die Lagen anschließend nicht auf einzelne Bünde geheftet, sondern auf breite Streifen einer sogenannten Buchbindergaze aufgeleimt werden. Hinzu kommt, daß seit der Mitte des 19. Jahrhunderts der Leder- oder Pergamenteinband immer häufiger von billigeren Leinen- oder Kartoneinbänden (oft mit flexiblen Deckeln) abgelöst wurde. Schließlich spielen heute rein zahlenmäßig verschiedene moderne Schnellbindemethoden eine immer größere Rolle, die allerdings kaum die Haltbarkeit der klassischen Technik erreichen; besonders dann nicht, wenn das ganze Buch, wie viele Taschenbücher, nur durch eine Leimung am Buchrücken zusammengehalten wird. Mit den Jahren trocknet der Leim nämlich aus und verliert seine Elastizität, so daß man bald nur noch lose Blätter in Händen hält. Wer seine Taschenbücher übrigens vor diesem Schicksal bewahren will, läßt sie von einem Buchbinder für wenig Geld von Hand nachleimen, was schon eine wesentlich haltbarere Verbindung als die maschinelle Leimung ergibt.

Bucheinbände zum Sammeln

Das Sammeln alter und schöner Bucheinbände gehört wohl zu den extremsten Ausprägungen der Bücherliebhaberei, da hier allein die äußere Form eines Werkes das Sammelobjekt darstellt. Es ist daher verständlich, wenn manche Bibliophile dieses Gebiet am liebsten in den Bereich des Kunstgewerbes verweisen möchten. Andererseits begegnen auch dem »gewöhnlichen« Büchersammler im Laufe seiner Sammeltätigkeit gelegentlich Bücher, die aufgrund ihres außergewöhnlichen Einbandes eine Sonderstellung innerhalb der eigenen Bibliothek beanspruchen. Im allgemeinen handelt es sich dabei um Einbände, die typisch für die Entstehungszeit des betreffenden Buches sind sowie um besonders schöne oder instruktive Beispiele für einen bestimmten Stil oder eine spezielle Verzierungstechnik.

Im Bereich der Inkunabeln und alten Drucke sind dies etwa die sogenannten Verlegereinbände, die — was damals eine Ausnahme war — vom Druckereiunternehmen selbst vor dem Verkauf der Bücher angebracht wurden. Manchmal tragen solche Einbände eine Blindprägung des betreffenden Verleger- oder Druckerzeichens; allerdings sind solche Beispiele recht selten. Schöne, mit Rollen-

Mit einem erwärmten metallenen Plattenstempel blindgeprägte Darstellung der Schwestern »Treue« und »Hoffnung« auf einem vermutlich süddeutschen Pergamenteinband des ausklingenden 16. Jahrhunderts (Detailansicht).

*Typischer Pariser Einband des 18. Jahrhunderts (1724) mit reicher Rückenver-
goldung und blindgeprägten Ornamenten auf dem zweifarbigen Leder der
Buchdeckel.*

*Detail aus einem Jugendstileinband von 1901; goldgeprägte Vignette von Robert
Engels auf rotem Leinen.*

Deutlich der Übergang zwischen Historismus (Schriftzug) und Jugendstil (Bild-darstellung) auf einem farbigen Leinenband von 1899

Typisches Beispiel eines hübsch bedruckten Kartoneinbandes, wie er sich seit dem Beginn unseres Jahrhunderts immer mehr durchgesetzt hat; hier mit einer Zeichnung von Emil Preetorius aus dem Jahre 1912

Diese Einbandform wird normalerweise als »Broschur«, oder, wenn es sich wie hier um den ursprünglichen Einband handelt, als »Originalbroschur«, in Katalogen oft abgekürzt mit »OBrosch«, bezeichnet.

oder Plattenstempeln verzierte Pergament- und Ledereinbände des 16. Jahrhunderts kommen dagegen schon wesentlich häufiger vor.

Im 17. und vor allem im 18. Jahrhundert beginnt die große Zeit des reichverzierten, oft mit aufwendigen ornamentalen Vergoldungen geschmückten Ledereinbandes. In der zweiten Hälfte des 19. Jahrhunderts setzt sich dann immer mehr der industriell hergestellte Einband durch. Dabei wurden anfänglich sämtliche Elemente früherer Stilrichtungen in bunter Mischung nebeneinander verwendet, so daß man heute in diesem Zusammenhang vom »historisierenden Stil« oder kurz vom »Historismus« spricht. Erst gegen Ende des 19. Jahrhunderts, als sich auch in der Typografie eine Wende abzuzeichnen begann, finden wir neue, bereits stark vom Jugendstil beeinflußte Einbände. Seit den 20er Jahren kommt schließlich der Schutzumschlag aus Papier auf, wie wir ihn heute vom hartgebundenen Buch her kennen, und wie er bereits zur Zeit der beginnenden Industrialisierung der Buchherstellung in England in der zweiten Hälfte des 19. Jahrhunderts gelegentlich auftauchte. Bis heute stellt die Einbandgestaltung ein zentrales Thema der Buchästhetik dar, an dem erfreulicherweise auch die Hersteller von Taschenbüchern nicht achtlos vorbeigegangen sind.

Wer sich näher für das Thema Bucheinband und Buchgestalt interessiert, sollte sich unbedingt einmal Zeit nehmen, einem Buchbinder bei seiner Arbeit zuzusehen oder sogar selbst einen Buchbinderkursus besuchen. Die für den Sammler geeignete Fachliteratur über dieses Gebiet ist leider eher dünn gesät; die wenigen, fast nur noch im Antiquariatshandel erhältlichen Werke sind daher recht teuer.

6. Woraus ein Buch besteht

Die Materialien von Druckträger und Einband

Auch auf dem Gebiet der Druckträger konnte sich der Buchdruck von Anfang an auf Altbewährtes stützen: Die ersten Papiermühlen hatten in Deutschland bereits gegen Ende des 14. Jahrhunderts zu arbeiten begonnen — die älteste Papiermühle Deutschlands um 1390 bei Nürnberg —, und das Pergament war als dauerhafter, edler Beschreibstoff schon viel länger in Gebrauch.

Das Papier und seine Herstellung

Wer ein altes Buch aus dem 16. oder gar 15. Jahrhundert in Händen hält, staunt oft über die Frische und Schönheit, in der sich das Papier erhalten hat. Diese Haltbarkeit hängt wesentlich damit zusammen, daß früher ausschließlich »holzfreies« Papier hergestellt wurde, dessen ligninfreier Zelluloseanteil aus alten Baumwoll- und Leinenlumpen gewonnen wurde. Diese wurden nach der Reinigung und chemischen Bleichung gekocht und anschließend mechanisch auf eine geeignete Faserlänge zerkleinert. Dem so vorbereiteten Papierrohstoff mußten noch mineralische Füllstoffe, Kreide sowie Knochenleim (nicht bei Löschpapieren) zugesetzt werden. Durch Zugabe von Wasser wurde daraus dann die »Bütte« hergestellt. In diesen Papierstoffbrei tauchte nun der Papiermacher ein feinmaschiges, in einen Rahmen gespanntes Schöpfsieb ein und holte eine bestimmte

Deutschlands älteste Papiermühle, die ehemalige »Gleismühl« vor den Toren Nürnbergs, in der Ulman Stromer seit 1390 Papier herstellte (Holzschnitt aus Hartmann Schedels Weltchronik von 1493)

Menge davon heraus. Durch waagrechtes Schütteln des Siebes verfilzten sich die Zellulosefasern des Papierbreies, und gleichzeitig floß das überschüssige Wasser ab. Die auf dem Sieb zurückbleibende Faserbreischicht wurde sodann auf einen saugfähigen Wollfilz abgedrückt, mit einem weiteren Filz bedeckt — man spricht hier vom »Gautschen« der nassen Papierbögen —, und wenn der so entstandene Papier-Filzstapel eine gewisse Höhe erreicht hatte, unter einer Presse weiter entwässert. Nachdem man die so erhaltenen Papierbögen noch geglättet hatte, ließ man sie an der Luft trocknen. Schließlich wurden sie noch in eine verdünnte Leimlösung eingetaucht (»geleimt«), um eine bessere Schreibfestigkeit zu erzielen. Nach dem nochmaligen Trocknen waren dann die einzelnen Bögen fertig. Angesichts dieses aufwendigen Herstellungsverfahrens ist es ver-

Dieser Stich aus Diderot-D'Alembert's Enzyklopädie läßt deutlich die verschiedenen Phasen der Papierherstellung erkennen: Ganz links steht der Bottich mit dem Papierbrei – der Bütte –, aus welchem einer der Papiermachergesellen soeben mittels des rechteckigen Schöpfsiebes einen »Bogen« entnommen hat. Der rechts stehende Geselle klopft den angetrockneten und durch Schütteln verfilzten »Papierbrei« vom Schöpfsieb ab, legt ihn zwischen Filztüchern zum Trocknen ab, um ihn dann unter der Presse ganz rechts »vorzutrocknen« und später zu pressen.

ständlich, daß man sich schon früh um eine Mechanisierung des gesamten Herstellungsprozesses bemühte. Nach zahlreichen Vorversuchen gelang dies um das Jahr 1800. Die ersten Maschinenpapiere, die auch sogenannten Holzschliff (durch Schleifen erhaltener Holzstaub) enthalten konnten, verbreiteten sich rasch. Immerhin findet man noch in zahlreichen Büchern aus der ersten Hälfte des 19. Jahrhunderts handgeschöpfte Papiere.

Die wichtigsten Papiermerkmale

Hält man ein altes handgeschöpftes Papier gegen das Licht und blickt hindurch, erkennt man meist eine charakteristische netzartige Struktur aus mehreren Längslinien, die durch zahlreiche Querstege verbunden werden. Dieses Muster stellt das Abbild des Schöpfsiebes aus Bronzedraht dar, mit welchem der betreffende Bogen aus der Bütte geschöpft wurde. Der besonderen Form dieses Musters wegen heißen diese Papiere, die in alten Drucken fast ausschließlich zu finden sind, »Rippbüttenpapiere«. Neue, maschinell hergestellte Edelpapiere imitieren diese typische Papierform häufig, indem eine entsprechend strukturierte Walze das gewünschte Rippenmuster in die noch feuchte Büttenschicht auf dem Sieb druckt. Erst ab ca. 1750 wurden auch sogenannte glatte, ungerippte »Velinpapiere« hergestellt, zu deren Fertigung ein besonders feines Schöpfsieb mit einem dichten Gewebe aus Bronzedraht diente.

Das vor allem für die Bestimmung von Inkunabelfragmenten wichtige Wasserzeichen entsteht ebenfalls beim Schöpfvorgang als Abbild des aus Draht geformten und auf dem Schöpfsieb befestigten Zeichens. Die für den Sammler wichtigste Papiereigenschaft ist

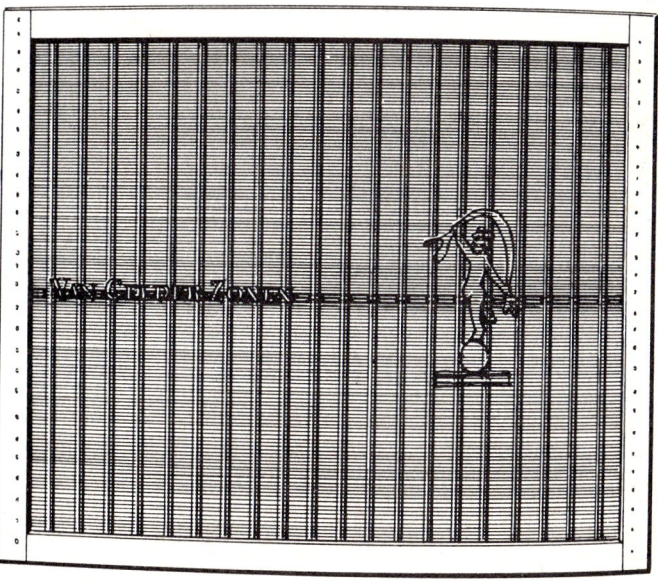

Papierschöpfsieb mit aufgebrachtem Wasserzeichen.

wohl seine Qualität, die den Preis eines alten Buches mitbestimmt. Die übrigen Merkmale wie Papierdicke, Farbe, Steifigkeit, Rippen- und Stegabstände, Wasserzeichen etc. sind dagegen für den Biblio- philen von geringerem Interesse, sie können in ein und demselben Buchexemplar sogar wechseln; von Bedeutung sind diese Eigen- schaften nur für die buchkundliche Forschung sowie für die Sammler alter Meistergrafik, denen sie als zusätzliche Echtheits- und Identifizierungsmerkmale dienen.

Über eine wesentliche Kenngröße alter Papiere sollte allerdings auch der Büchersammler etwas Bescheid wissen, nämlich über die alten Papierformate: Das größte Format war das eines ganzen Bogens, festgelegt durch die Größe des jeweils verwendeten Schöpfsiebes, wobei üblicherweise ein Seitenverhältnis von annähernd drei zu vier eingehalten wurde. Durch einmalige Faltung quer zur Längsseite entsteht daraus ein Folioformat, aus diesem je nach Art der weiteren Faltung ein Hoch-Quart oder Quer-Quart, daraus die beiden Oktav-Formate, Duodez, Sesterz, usw. Die Namen dieser Formate bezeichnen die Anzahl der durch Faltung aus einem Bogen entstandenen Blätter. So entsteht etwa durch dreimalige Faltung eine Papierlage von 8 Blättern im Oktav- Format (Octo = lat. Acht). Dieselben Formatbezeichnungen wurden auf das fertige Buch übertragen, wobei noch zahlreiche Zwischen- größen, wie Klein- oder Großfolio, eingeführt wurden; sie dienen heute noch häufig im Antiquariatshandel zur Beschreibung alter Bücher (siehe auch die Formattabelle im Anhang).

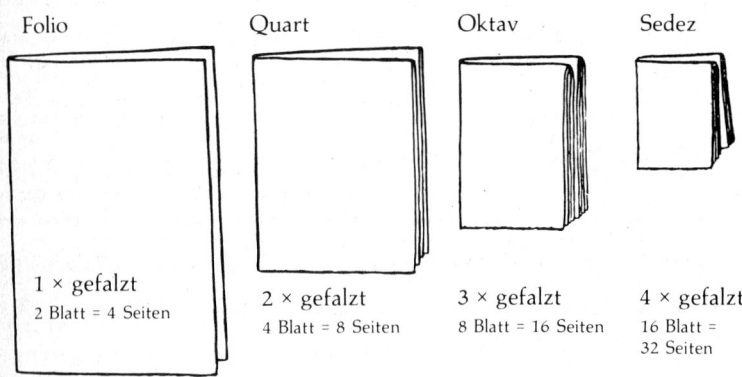

Folio — 1 × gefalzt — 2 Blatt = 4 Seiten

Quart — 2 × gefalzt — 4 Blatt = 8 Seiten

Oktav — 3 × gefalzt — 8 Blatt = 16 Seiten

Sedez — 4 × gefalzt — 16 Blatt = 32 Seiten

Die Entstehung der verschiedenen Formate. (Nach Hussmann, Lit. I, 2.)

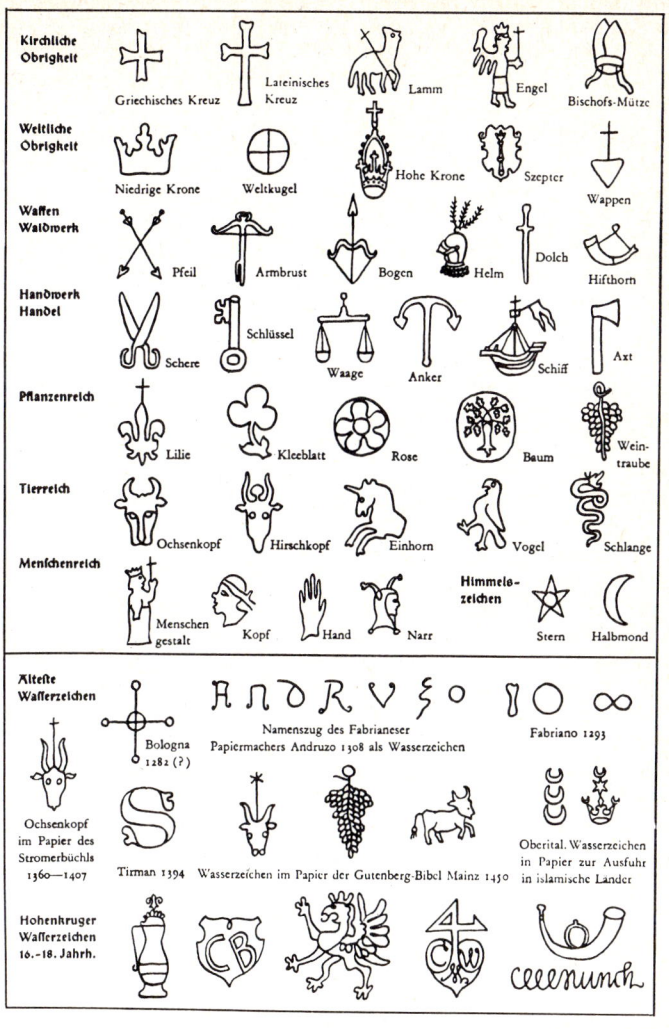

Einige wichtige frühe Wasserzeichenformen auf alten Papieren (Nach Briquet, verkleinert).

Das Pergament

Pergament (nach Pergamon, einem wichtigen antiken Herstellungsort in Anatolien) wird aus tierischen Häuten gewonnen und ist eines der ältesten Beschreibmaterialien. Lange Zeit stellte es im Buchdruck für besonders kostbare Ausgaben den wichtigsten Druckträger dar. Als Material für Bucheinbände wird es in Einzelfällen sogar heute noch verwendet. Zu seiner Herstellung werden die rohen Tierhäute »geäschert«, d. h. in Kalkwasser eingelegt, um die Haare sowie Unterhaut und daran haftendes Fleisch- und Fettgewebe zu lockern. Nach dem Abschaben dieser gelösten Bestandteile erhält man die sogenannte »Blöße«, also die eigentliche Tierhaut. Diese wird allenfalls noch ein- oder mehrfach gespalten, anschließend ohne Gerbung in Rahmen aufgespannt und getrocknet, wobei sie zu Pergament verhornt. Für den Büchersammler ist hier lediglich wichtig, daß es sehr verschiedene Pergamentsorten gibt: Vom dünnen papierähnlichen Spaltpergament, das als Druckträger Verwendung findet, bis zum dicken, zähen Schweinspergament, das höchstens für stabile Bucheinbände dienen kann. Daneben gibt es noch das sogenannte Pergamentpapier, das aus chemisch (meist mittels Schwefelsäure) vorbehandelter Zellulose hergestellt wird und ähnlich dem tierischen Pergament zwar durchscheinend, jedoch kaum mit letzterem zu verwechseln ist, da es eine viel geringere Festigkeit und eine ganz andere Griffigkeit aufweist. Der Bibliophile wird im Übrigen heute nur noch selten auf die kostbaren Pergamentdrucke der Frühzeit stoßen und dieses Material vor allem an Bucheinbänden kennenlernen.

Leder

Leder, also gegerbte tierische Haut, gehört mit Pergament zu den wichtigsten Einbandmaterialien alter Bücher und wird heute noch gerne für luxuriösere Bucheinbände, im Falle des Halblederbandes nur für den Rücken und die Ecken, verwendet. Wie für die Pergamentbereitung muß die vom toten Tier abgelöste Haut erst von anhaftendem Unterhautgewebe sowie von der Behaarung befreit werden. Aus der so erhaltenen Blöße entsteht durch die längere Einwirkung gerbender Substanzen, zum Beispiel der von Baumrinden abgegebenen Gerbsäure (Tannin), das nunmehr gegen Fäulnis geschützte Leder, das entweder in seiner bräunlichen Naturfarbe belassen oder gefärbt wurde.

Je nach gewünschtem Zweck und Aussehen gelangen in der Buchbinderei verschiedene Ledersorten zur Anwendung:

- Kalbs- und Schafsleder sind glatt und zeigen weder Narben noch Poren;
- Schweins- und Ziegenleder weisen jeweils charakteristische Poren und Narben auf;
- die für besonders kostbare Buchbindearbeiten gerne verwendeten Sorten Saffian- und Maroquin-Leder sind sehr fein und dünn; sie wurden oft gefärbt und entstehen aus dem sogenannten Narbenspalt, der als die ehemals äußere Hautschicht vor dem Gerben von der Blöße abgespalten wird; im wesentlichen unterscheiden sie sich durch ihre Narbung, die beim Saffianleder sehr fein, beim Maroquinleder dagegen eher grob ist.

Das wenige, das ein Büchersammler sonst noch über das Leder und seine Pflege wissen muß, folgt in einem späteren Abschnitt.

7. Wie man alte Bücher beurteilt

Die meisten Neusammler auf dem Gebiete der Bibliophilie stehen dem riesigen Angebot alter Bücher ziemlich ratlos gegenüber, da ihnen die Maßstäbe fehlen, an denen sie das jeweilige Exemplar und seinen Wert messen können. Erst durch die Erfahrung wird man hier eine gewisse Urteilssicherheit erwerben können. Immerhin kann man sich gegen allzugroße Enttäuschungen schützen, wenn man einigermaßen darüber Bescheid weiß, auf welche äußeren Merkmale es bei der Beurteilung eines alten Buches ankommt.

Die Hilfsmittel des Sammlers

Zu den wichtigsten Beschreibungshilfsmitteln des gesamten Buchwesens, gleichgültig ob für Wissenschaftler, Bibliotheken, Händler oder Sammler zählen wiederum Bücher, die sogenannten Bibliografien. Eine Bibliografie ist eigentlich nichts weiter als eine mehr oder weniger ausführliche Liste, in der Bücher, nach einem bestimmten Gesichtspunkt geordnet, aufgeführt sind. Da kann das ordnende Kriterium zum Beispiel die alphabetische Reihenfolge der Autoren, wie in einem Bibliothekskatalog, oder die zeitliche Reihenfolge ihres Erscheinens sein. In den meisten Fällen sind Bibliografien auf einen bestimmten sachlichen oder zeitlichen Bereich beschränkt, wobei die für den Sammler brauchbaren Nachschlagwerke möglichst lückenlos sein sollen, im Gegensatz etwa zu wissenschaftlichen Bibliografien, in denen man sich oft auf ausgewählte neuere Arbeiten beschränkt. So gibt es zum Beispiel für Sammler Spezialbibliografien über alte Kräuterbücher oder auch ein Verzeichnis aller bis 1600 gedruckten deutschen Bücher, das auf dem entsprechenden Bibliothekskatalog des Britischen Museums beruht. Weitere, mit diesen Bibliografien eng verwandte Hilfsmittel sind die Kataloge von Buchauktionen sowie die Lagerkataloge von Antiquariaten, besonders dann, wenn sie ein bestimmtes Spezialgebiet enthalten, über welches bis dahin noch keine bibliografische Literatur vorhanden war. Als Beispiele seien Spezialkataloge über die Geschichte der Raumfahrt oder über die Entwicklung der Quantentheorie und die Arbeiten von Max Planck angeführt. Falls derartige Antiquariatskataloge neueren Datums sind, bieten sie gegenüber der eigentlichen Bibliografie noch den Vorteil, zuverlässigere Preisangaben zu enthalten. Wer sich hauptsächlich über die Preise alter Bücher informieren will, findet entsprechende Angaben in verschiedenen Jahresverzeichnissen, die allerdings meist ein bis zwei Jahre hinter dem aktuellen Preisniveau herhinken (siehe Anhang).

Die wichtigsten Nachschlagewerke des Sammlers bleiben aber immer die verschiedenen Bibliografien. In diesen meist alphabetisch oder chronologisch geordneten Verzeichnissen sind zu jedem angeführten Buch folgende Angaben zu finden:

– Verfasser
– Drucker
– Verleger
– Erscheinungsdatum der Erstausgabe
– Erscheinungsdaten und Unterschiede weiterer Ausgaben
– Format
– Seitenzahl
– Anzahl der Abbildungen
– Weitere Merkmale, wie Zeilenzahl, Kolonnenzahl, Schriftcharakter
– Preisschätzung bzw. letzte Verkaufspreise, die allerdings meistens veraltet sind.

Ein Großteil dieser Angaben ist schon dem Titelblatt eines Buches zu entnehmen; um daher eine Bibliografie konsultieren zu können, sollte man stets mindestens das Titelblatt vollständig abschreiben, bzw. eine Fotokopie anfertigen.

Neben den Spezialbibliografien zu einzelnen Sammelgebieten gibt es auch einige Standardwerke, wie das berühmte neunbändige »Manuel du Libraire et de l'Amateur de Livres« von Jaques-Charles

vent les dix derniers livres de l'Histoire d'Espagne de Mariana, en latin ; ces dix livres, qui forment une partie séparée, avec un titre particulier daté de 1606, manquent souvent, ce qui diminue alors le prix des exemplaires : vend. complet, 102 fr. Soubise ; 50 fr. La Serna ; 40 flor. Meerman ; 45 fr. Reina ; 42 flor. Butsch.

— Hispaniæ Bibliotheca, seu de academiis ac bibliothecis, item elogia et nomenclator clarorum Hispaniæ scriptorum, qui latine disciplinas omnes illustrarunt, tomis tribus distincta. *Francofurti*, 1608, 3 part. en 1 vol. in-4. de 649 pp. [30766]

Cet ouvrage a été en partie effacé par la *Bibliotheca hispan.* d'Antonio ; cependant il contient quelques articles étendus que ce dernier n'a pas reproduits. A. Schott n'y a pas mis son nom, mais il a signé l'épître dédicatoire par ses initiales A. S., en y ajoutant le mot *Peregrinus*, pour indiquer qu'il était étranger en Espagne. Ce volume est rare et assez recherché ; mais, quoiqu'il ait été porté à 200 fr. à la vente du chevalier Bearzi, à peine vaut-il le dixième de ce prix.
— Observations, 18597.
— Voyez ADAGIA.

SCHOTT (*Casparis*) Magia universalis naturæ et artis, sive recondita naturalium et artificialium rerum scientia. *Herbipoli*, 1657-59, 4 vol. in-4. [4376]

Réimprimé en 1677, sans augmentations.

— Physica curiosa, sive mirabilia naturæ et artis. *Herbipoli*, 1662, vel 1697, 1 tom. en 2 vol. in-4. fig. [4377]

Ces deux éditions sont préférables à la première, beaucoup moins complète, qui parut en 1662.

— Technica curiosa, sive mirabilia artis. *Norimbergæ*, 1664, seu 1687, in-4. fig. [4377]

Pour former la collection complète des ouvrages de Schott, il faut réunir à ces trois articles les suivants :
CURSUS mathematicus. *Herbipoli*, 1661, in-fol. fig. [7761]
Il y a un abrégé de cet ouvrage, *Herbipoli*, 1663, in-8.
MATHESIS cæsarea sive amussis ferdinandea. *Herbipoli*, 1622, in-4., fig.
Nouvelle édition, augmentée par Schott, d'un ouvrage composé par un autre jésuite.
ORGANUM mathematicum libris IX explicatum. *Herbipoli*, 1668, 1 tome en 2 vol. in-4. [8048]
PANTOMETRUM kircherianum, hoc est instrumentum geometricum novum ab Athanasio Kirchero inventum, nunc decem libris.... explicatum, a G. Schotto. *Herbipoli*, 1660, in-4. fig. [8049]
Il y a des exemplaires de cette édition dont le frontispice gravé a pour souscription : *Apud Joannem Arnoldum Cholinum*, 1668.
Schott a aussi donné une édition de l'*Iter extaticum cœleste* de Kircher, avec des augmentations, *Herbipoli*, 1660, in-4.
ANATOMIA physico-hydrostatica fontium ac fluminum explicata : accedit appendix de vera origine Nili. *Herbipoli*, 1663, in-8., fig. [8122]
MECHANICA hydraulico-pneumatica. *Herbipoli*, 1657, in-4., avec 56 planches, fig. [8141]
SCHOLA steganographica, in classes octo distributa. *Norimb.*, 1665, seu 1680, in-4., fig. [9068]
JOCOSERIORUM naturæ et artis sive magiæ naturalis centuriæ tres (auctore Casp. Schott) ; accessit diatribe (Ath. Kircheri) de prodigiosis crucibus. (*Herbipoli*, 1666, in-4., fig. [4378]

Il y a des exemplaires dont le titre porte : *auctore Aspasio Caramueli* ; ce qui n'empêche pas que l'ouvrage ne soit bien véritablement de Schott, comme l'a prouvé Mercier de Saint-Léger.

La plupart des ouvrages de Schott sont curieux, et ils étaient jadis fort recherchés ; mais comme très-peu de personnes s'en occupent aujourd'hui, ils ne conservent qu'une faible valeur dans le commerce, même lorsqu'ils se trouvent réunis, ce qui est rare. Vend. bel exemplaire en 20 vol. in-4 et in-8., 225 fr. Patu de Mello ; et en 15 vol. in-4. mal conditionnés, 50 fr. Méon ; en 14 vol., 60 fr. La Serna, et moins cher depuis.

Il est essentiel de joindre à cette collection la *Notice des ouvrages de Gasp. Schott, par M*** (Mercier de Saint-Léger)*, Paris, 1785, in-8., morceau fort curieux, et dont l'auteur a laissé un exemplaire chargé de corrections et d'augmentations destinées à une nouvelle édition.

SCHOTT (*Alb.*). Die deutschen Kaiser. Voyez KAISER.

SCHOTT (*Henricus*) et Steph. Endlicher. Meletemata botanica. *Vindobonæ, typ. Car. Gerold*, 1832, in-fol. de 35 pp. et 5 pl. [5011]

Il existe à peine une soixantaine d'exemplaires de cet ouvrage, et ils n'ont pas été mis dans le commerce. Pritzel, qui en parle sous le n° 9238 de son *Thesaurus*, cite deux autres opuscules des mêmes auteurs, savoir :
RUSTACEÆ, fragmenta botanica. *Vindob.*, *Wallishauser*, 1834, in-fol. de 14 pp. avec 7 pl.
GENERA filicum. *Ibid.*, 1834, in-4. obl. de 44 pp. et 20 pl.

SCHOTTEL (*Dr.*). Embassy of the earl of Portland. Voy. PORTLAND.

SCHOTTENIUS. Ludus imperatorius, continens umbraticam imaginem horum temporum, regnante divo Carlo quinto, illiusque Cæsaris divinas victorias, imperii felicem exitum et laudem, auctore Hermanno Schottenio Hesso : cui accedit, et Ludus Martius, de discordia Principum et rusticorum Germaniæ, anni 1525. *Coloniæ - Ubiorum* (*in ædibus Quentelianis*), 1527, pet. in-8 de 56 ff. [16132]

Deux pièces en prose et sans distinction d'actes ni de scènes, 20 fr. de Soleinne. La première pièce seule, mais d'une autre édition sous la date, 26 fr. m. r. Duplessis. Panzer, qui cite deux autres ouvrages de Schottenius, n'a pas connu ceux-ci, dont la seconde pièce a été traduite en français sous ce titre :
LE JEU DE MARS ou de la guerre, contenant le simulacre, l'origine, la fable, la fin du débat intervenu entre les rustiques et les princes d'Allemagne orientale, l'an 1525, in-4.
Le duc de La Vallière (*Biblioth. du théâtre franç.*, I, p. 141) donne l'analyse de cette pièce d'après un exemplaire in-4., qui n'était qu'un fragment du troisième volume d'un ouvrage dont il n'a pas rapporté le titre. Ce fragment commence à la page 631, sign. Iiij. Comme dans le titre rapporté dans la *Biblioth. du théâtre françois* on a imprimé 1452 au lieu de 1525, la pièce a été portée sous l'année 1552, ce qui a été suivi dans le catalogue de La Vallière, 3390, quoique l'on y ait bien mis 1525.

Seite aus dem »Manuel du Libraire et de l'Amateur de Livres«, der wichtigsten Universalbibliographie für den Sammler.

Brunet, dessen letzte, zwischen 1860 und 1880 erschienene Ausgabe wieder als Reprint erhältlich ist (s. a. Literaturverzeichnis im Anhang). Leider sind die meisten dieser Bibliografien heute vergriffen und höchstens noch als teure Reprints (Nachdrucke) erhältlich, und für den beginnenden Sammler dürfte es sich kaum lohnen, diese umfangreichen Werke selbst zu kaufen. Mit der Zeit allerdings wird er kaum darum herum kommen, sich eine kleine, seinen Ansprüchen entsprechende »Referenzbibliothek« über sein Sammelgebiet anzulegen (Hinweise siehe Literaturverzeichnis). Meist kann man die benötigten Bibliografien aber auch in der nächsten größeren Bibliothek einsehen, wobei man im Gespräch mit erfahrenen Bibliothekaren zudem noch vieles lernen kann. Das gleiche gilt übrigens für Antiquariate: Mit der Zeit lernt man seine »Stammantiquare« so gut kennen, daß sie auch gerne einmal mit einer bibliografischen Auskunft behilflich sein werden oder eine Bibliografie ausleihen. Die Gespräche mit einem guten Buchhändler gehören zweifellos zum lehrreichsten und gleichzeitig angenehmsten »Hilfsmittel« jedes Sammlers. Natürlich können diese Gespräche dem Sammler aber nicht das gründliche Studium der bibliografischen Angaben zu einem Sammelstück ersetzen; auch die regelmäßige und ausführliche Beschäftigung mit den Antiquariatskatalogen, die man von den verschiedenen Firmen auf Wunsch zugesandt erhält, ist eine unerläßliche Voraussetzung für eine ernsthafte und erfolgreiche Sammeltätigkeit. Schließlich bietet sich dem Liebhaber alter Bücher auch noch die Möglichkeit, mit Gleichgesinnten ins Gespräch zu kommen und Erfahrungen auszutauschen, indem er der jeweiligen bibliophilen Gesellschaft seines Landes — in Deutschland zum Beispiel der Maximilian-Gesellschaft — beitritt; viele dieser Vereinigungen geben zudem eine Mitgliederzeitschrift heraus.

Wie beurteilt man ein altes Buch?

Hat man mit Hilfe der angeführten Hilfsmittel abgeklärt, worum es sich bei einem angebotenen Werk handelt, dann stellt sich die Frage nach dem Zustand des vorliegenden Exemplars, der schließlich mitbestimmend für dessen Preis ist. Diese qualitative Beschreibung eines einzelnen Buchexemplars erstreckt sich über die Vollständigkeit des Textes und den Erhaltungszustand, also den Zustand von Einband, Papier etc.

Die Vollständigkeit

Bei weitem am wichtigsten ist natürlich die Vollständigkeit eines Werkes; normalerweise gilt hier folgendes: Wo auch nur ein Titelblatt, eine Textseite, eine Abbildung oder gar mehr fehlt, sollte man stets von einem Kauf absehen, auch wenn er noch so billig ist. Der Ärger, den ein unvollständiges Buch in einer guten Sammlung später immer von neuem verursacht, wird auch durch den günstigsten Preis kaum je wettgemacht. Entsprechendes gilt natürlich für mehrbändige Werke, denen ein oder mehrere Bände fehlen; nur für eine sogenannte »Reihe«, zum Beispiel eine »kriminalistische Reihe« oder »psychologische Reihe«, von der jeder einzelne Band schon ein in sich geschlossenes Werk darstellt und

Die hier abgebildete Bogensignatur (qiiij) sagt uns, daß wir uns innerhalb der Lage q auf dem 4. Blatt befinden, während die rechts davon stehende Kustode »uat« angibt, wie der Text auf der nächsten Seite beginnen muß.

ursprünglich auch einzeln verkauft wurde, gilt dieses absolute Vollständigkeitsgebot nicht. Dagegen müssen, wie wir bei der Besprechung des Sammelgebietes Inkunabeln noch sehen werden, bei sehr alten und seltenen Drucken heute gelegentlich doch Konzessionen an die Vollständigkeit eines Exemplares gemacht werden.

Nun ist es nicht immer einfach, die Vollständigkeit eines Werkes sicher festzustellen, vor allem die eines frühen oder eines mit beigebundenen Kupferstichtafeln illustrierten Werkes. Die für den Sammler und Händler wichtigste Methode ist dabei nicht etwa die Kontrolle aufgrund der Seiten- bzw. Blattnumerierungen — diese erweisen sich nämlich allzuoft als fehlerhaft, indem einzelne Seitennummern fehlen oder doppelt vorhanden sind — sondern die »Kollationierung« des jeweiligen Buches. Diese beruht auf der sogenannten Bogensignatur — meist ein Buchstabe —, mit dem jeder einzelne Druckbogen, früher von Hand, seit 1472 auch im Druck, bezeichnet wurde. Wurde der Bogen nun beispielsweise dreimal gefaltet, so daß daraus acht Blätter mit 16 Seiten im Oktavformat entstanden, so muß in dem Buch alle acht Blätter eine neue Bogensignatur, also ein neuer Buchstabe auftauchen. Dieser befindet sich normalerweise rechts unten auf der ersten Seite außerhalb des Satzspiegels des ersten Blattes der neuen Lage. In den meisten Fällen findet man neben den einzelnen Buchstaben, die nach 24 Bögen oft klein weitergeführt oder verdoppelt werden, noch Zahlen oder Striche, welche die Nummer des jeweiligen Blattes innerhalb der betreffenden Lage angeben, wobei meistens nur die erste Hälfte einer Lage gekennzeichnet wird. Anschließend folgen dann ebensoviele unbezeichnete Blätter, bis die nächste Lage mit einer neuen Bogensignatur anfängt. Wieviele Blätter welche Lagen in einem Buch haben müssen, ist im allgemeinen auf der letzten Seite eines Buches angegeben. Manchmal konnten diese Bogensignaturen beim Beschneiden des Buchblockes durch den Buchbinder auch wegfallen, dann stellen die sogenannten »Kustoden«, die jeweils am unteren Satzspiegelrand angebrachten Anfangsworte der nächsten Seite, manchmal eine nützliche Kontrollhilfe dar, sofern sie nicht ebenfalls dem Beschnitt zum Opfer fielen.

Bei der Kollationierung eines alten Druckes ist stets zu berücksichtigen, daß die ersten Blätter des ersten Bogens, manchmal auch die letzten Blätter des letzten Bogens, leer sein können und beim Neubinden entweder ganz weggefallen sind oder als Vorsatzspiegel an die Innenseite der Einbanddeckel geklebt wurden, so daß diese Lagen irreführenderweise unvollständig scheinen. Am besten läßt man sich die Technik des korrekten Kollationierens einmal von einem Antiquar erklären und vorführen und übt sie selbst an einem vollständigen Buch ein paarmal.

Schwieriger wird das Feststellen der Vollständigkeit eines Werkes, wenn diesem noch separate Tabellen oder Illustrationen

---

*Letzte Seite mit Angabe der verwendeten Bogensignaturen und des Umfangs der ▷
verschiedenen Lagen (Quaterniones = 2mal 4 Blätter, Terniones = 2mal 3 Blätter
pro Lage), und einer schönen Druckermarke des Venezianers Victor a Rabanis in
einer großformatigen Plutarch-Ausgabe von 1538*

SERIES LITERARVM.

a b c A B C D E F G H I K L M N O P Q R S T V X Y Z
AA BB CC DD EE FF GG HH II KK LL MM NN OO PP
QQ RR SS TT VV XX YY .

Omnes quaterniones præter a b c & Y terniones.

Victor à Rabanis & socii Venetiis excu
debant. M. D. XXXVIII.
Mense Aprili.

beigebunden wurden. Hier hilft oft nur die Überprüfung der Tafeln bzw. Abbildungsnumerierungen aufgrund des Buchtextes: So darf im Text eines vollständigen Exemplares natürlich die höchste erwähnte Abbildungsnummer nirgends die Anzahl der tatsächlich vorgefundenen beigebundenen Abbildungen überschreiten; wenn auch eine solche Überprüfung nicht möglich ist, können höchstens noch bibliografische Angaben oder der Vergleich mit einem Bibliotheksexemplar weiterhelfen.

Nicht täuschen lassen sollte man sich durch schmale Papierkanten zwischen den Seiten eines illustrierten Werkes, die so aussehen, als wären sie der Rest eines herausgetrennten Blattes. In vielen Fällen handelt es sich hier nämlich um den überstehenden Papierrand eines nachträglich vom Buchbinder beigebundenen Stiches oder anderen Blattes, wovon man sich leicht überzeugen kann, wenn man den Verlauf des entsprechenden Bogens auf der oberen oder unteren Stehkante des Buchblockes verfolgt.

Das bisher beschriebene Vorgehen zur Feststellung der Vollständigkeit bezieht sich natürlich nur auf ältere Bücher. Seit der ersten Hälfte des 19. Jahrhunderts gedruckte Bücher kann man normalerweise aufgrund der Seitennumerierung prüfen; die Bogensignaturen oder Kustoden fehlen hier zumeist. Zudem wird die Kollationierung in der Regel bereits vom Buchhändler vorgenommen und zum Beispiel mit einem bleistiftgeschriebenen »coll. compl.« auf dem Innendeckel neben dem Buchpreis bestätigt. Die entsprechende Überprüfung selbst vornehmen zu können, ist jedoch dann wichtig, wenn man Gelegenheitskäufe, etwa auf Flohmärkten tätigt.

Die Ergänzung eines Werkes durch eingelegte Fotokopien ist zwar nicht unbedingt erstrebenswert, aber an sich durchaus zulässig, wenn sie nicht verschleiert wird. Selten, aber dennoch möglich ist die Verfälschung eines unvollständigen Exemplares durch nachträglich eingefügte Kopien auf altem oder gefärbtem Papier, um einen Käufer zu täuschen. Wenn in dieser Hinsicht irgendein Zweifel aufkommt, schafft eine kräftige fünf- bis zehnmal vergrößernde Lupe schnell Klarheit. Unter der Lupe unterscheidet sich nämlich der gedruckte Buchstabe durch seinen schärferen Rand von der kopierten Letter, deren Rand unschärfer und wie aus Staub zusammengesetzt wirkt.

Der äußere Zustand eines Buches

Verschiedene Exemplare derselben Ausgabe eines Werkes können sich in ihrem Preis stark voneinander unterscheiden. Abgesehen von der unterschiedlichen Preisgestaltung der einzelnen Antiquare übt natürlich der Gesamtzustand bzw. Erhaltungszustand eines Exemplares einen großen Einfluß auf seinen Preis aus: Ein »schönes Exemplar« kann, vor allem in Ländern wie Frankreich und Italien, ein Mehrfaches des Preises eines zwar ebenfalls vollständigen, aber unansehnlichen oder gar beschädigten Exemplares kosten. Ausgesprochen preissteigernd wirken ein schöner und gut

In das Leder geprägtes und vergoldetes Supraexlibris einer italienischen Familie auf dem Einband einer Sueton-Ausgabe.

erhaltener (Original-)Einband, die Breitrandigkeit und Makellosigkeit des Papiers, frischer Druck, besonders der Abbildungen etc. Ebenfalls den Wert eines Buches erhöhen können ferner handschriftliche Besitzervermerke, bzw. Anmerkungen des Verfassers oder eines berühmten Vorbesitzers. Das gleiche gilt für eingeklebte oder auf den Einband geprägte Bücherzeichen einer wichtigen Bibliothek oder einer bedeutenden Persönlichkeit, die sogenannten »Ex Libris« bzw. »Supra Ex Libris«, wie man ein auf den Einband geprägtes Ex Libris nennt. Diese gedruckten Bücherzeichen — Ex Libris heißt ja nichts anderes als »aus den Büchern des ...« — bestehen meist aus einem Familienwappen oder einem anderen Motiv mit dem Namen des Besitzers und stellen zuweilen schon für sich kleine grafische Kunstwerke dar, weshalb sie früher oft herausgetrennt und separat gesammelt wurden. Heute hat sich die Auffassung durchgesetzt, daß sie einen Bestandteil des jeweiligen Buches darstellen und unbedingt darin belassen werden sollten.

Gelegentlich tauchen im Handel noch unaufgeschnittene, also verlagsfrische Exemplare eines Werkes auf. Ob man ein solches Buch aufschneiden und damit evtl. seinen Handelswert herabsetzen will, ist Geschmackssache; auf jeden Fall sollte diese Arbeit bei teuren Büchern einem Buchbinder überlassen werden.

Als wichtigste preismindernde Kriterien sonst vollständiger Bücher sind zu nennen:

- Beschädigungen des Papiers, z. B. Wurmfraß, Risse etc., besonders dann, wenn sie mit »Textverlust« verbunden sind;
- Fleckigkeit oder durchgehende Bräunung des Papiers, Wasser- und Stockflecken, besonders auf Abbildungen, schlechte Qualität bzw. mangelnde Frische des Papiers, unsachgemäße irreversible Papierreparaturen, z. B. mit Klebstreifen;
- Anmerkungen und Hineinschreibungen neueren Datums; Anmerkungen »von alter Hand« stören dagegen kaum;
- Einbanddefekte, besonders wenn sie den Gesamteindruck stören und schwierig zu reparieren sind, z. B. ein Knick im geleimten Buchblock, bei dem auch die Bünde gebrochen sind. Während im allgemeinen ein nicht mehr ganz makelloser, dafür jedoch alter, wenn möglich sogar originaler Einband stets einem neuen vorzuziehen ist, kann ein geschmackvoll neugebundenes Exemplar dennoch wertvoller sein, als eines mit irreparablem alten Einband.
- Starke, bis dicht an den Text reichende Beschneidung der Papierränder durch den Buchbinder. Vor allem oben und unten

Ex Libris (Bucheignerzeichen) von Sir Arthur Conan Doyle, dem Schöpfer von Sherlock Holmes.

wurde früher oft der unbedruckte Rand abgeschnitten, damit die Bücher besser in den niedrigen Studierstuben jener Zeit Platz fanden. Besonders barbarische Buchbinder schonten dabei oft nicht einmal die Abbildungen.

Die Bewertung des äußeren Zustands ist übrigens in weiten Grenzen eine Ermessensangelegenheit des Sammlers. Dem hinsichtlich der äußeren Erscheinung eines Buches weniger Anspruchsvollen bietet sich manchmal Gelegenheit, überraschend günstig zu guten oder wichtigen, aber etwas unansehnlichen Büchern zu kommen. Kraß ist das Preisgefälle in Abhängigkeit vom äußeren Zustand vor allem in Frankreich und Italien, wo traditionsgemäß die verwöhntesten Bibliophilen leben. Die Chance, in diesen Ländern günstig zu weniger gut erhaltenen Büchern zu kommen, ist dementsprechend groß.

Zu knapp beschnittener Augustinus-Text.

Zum Sammeln von Erstausgaben

Das ursprüngliche Sammelziel aller Bibliophilen, unabhängig von ihren übrigen Interessen, besteht darin, von einem Werk jeweils die früheste Ausgabe zu besitzen, die sogenannte »Erstausgabe«, »Editio princeps« oder »Edition Originale«. Auch heute noch ist der Preis der Erstausgabe eines Werkes fast immer um einiges höher als jener der zweiten Auflage, selbst wenn diese im selben Jahr erschien und gegenüber der Erstausgabe noch wesentliche inhaltliche Verbesserungen aufweist. Die weitgehend irrationale, menschlich jedoch durchaus verständliche Vorliebe für die Erstausgabe wichtiger Werke aus Literatur und Wissenschaft hat früher sogar zu regelrechten Sammlerfehden geführt, weil manchmal nicht sicher festzustellen war, welche von zwei praktisch gleichzeitigen Ausgaben nun die »Edition Originale« darstellte. Schwierigkeiten ergaben sich hier, wenn zum Beispiel von einem als Fortsetzungsroman in einer Zeitschrift erschienenen Werk, für dessen Buchausgabe ein Pariser Verleger die Druckrechte hatte, ein in Holland hergestellter »Raubdruck« von der französischen Buchausgabe erschien: Welches war nun die »Edition Originale« — der frühere, aber unerlaubte Raubdruck, oder die etwas spätere, aber autorisierte Ausgabe? Der auch heute noch vom Buchhandel ebenso wie von den meisten Sammlern gepflegte Kult um die Erstausgabe ließ findige Antiquare immer neue Erstausgabentypen kreieren, bei übersetzten Büchern etwa: die »erste deutsche Ausgabe« oder eine »erste Ausgabe mit den Abbildungen von XY« etc.

Obschon das Sammeln von Erstausgaben vermutlich auch weiterhin das Hauptziel der Mehrheit aller Büchersammler bleiben wird, muß diese Zielsetzung vor allem dann in Frage gestellt werden, wenn die Erstausgabe des betreffenden Buches bei weitem nicht die geistig wichtigste oder einflußreichste war.

Ein anderes, heute noch mit wesentlich bescheideneren Mitteln erreichbares Sammelziel könnte beispielsweise darin bestehen, sich eine Bibliothek aufzubauen, wie sie einem Gelehrten des 16., einem Jurist des 18. oder einem Wissenschaftler des 19. Jahrhunderts zur Verfügung gestanden hat. In diesem Falle würde dann nicht unbedingt die erste, sondern eben gerade die damals neueste und beste Ausgabe im Vordergrund des Sammlerinteresses stehen.

LA
HENRIADE

DE

Mr. DE VOLTAIRE.

A LONDRES, MDCCXXVIII.

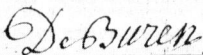

Dieses Exemplar von Voltaires »Henriade« – möglicherweise die Erstausgabe? –
ist vermutlich gar nicht in London, sondern in Genf oder Rouen gedruckt worden.

8. Wichtige Sammelgebiete

Wie andere Antiquitäten sind alte Bücher in den letzten Jahren immer mehr auch als Wertanlage in Erscheinung getreten. Auch dann, wenn man diesen prosaischen Aspekt als Sammler gerne übersehen möchte, muß man sich doch im klaren darüber sein, daß eine Sammlung alter Bücher eine oft recht beträchtliche Investition darstellt. Und es dürfte kaum einen Sammler geben, der sich nicht über eine, beispielsweise anhand von Katalogpreisen feststellbare Wertsteigerung eines Buches in seiner Sammlung freut, so wie er sich natürlich umgekehrt über einen offensichtlich zu teuren Kauf ärgert. Ganz unabhängig davon, um welches Sammelgebiet es sich handelt, sollte jeder Sammler von Anfang an bestrebt sein, jeweils möglichst gute Qualität zu erwerben: also lieber ein etwas teureres, aber gutes Stück, als mehrere billige Bücher zum selben Preis! Die alte Regel, daß nur die Spitzenqualitäten ihren Preis wirklich halten oder gar steigern, gilt auch für alte Bücher.

Zur Anregung möchte ich im folgenden kurz ein paar klassische und neuere Sammelgebiete erörtern, wobei die Auswahl so getroffen wurde, daß die zu den einzelnen Sammelgebieten gegebenen Erläuterungen auch weitgehend auf andere verwandte Gebiete angewandt werden können. Die Preisbeispiele sind nur als Vergleichswerte aufzufassen und nicht etwa als verbindliche Preisangaben.

Weitere Hinweise auf die für das jeweilige Sammelgebiet wichtigsten Bibliografien sowie auf weiterführende Literatur finden sich im Literaturverzeichnis im Anhang.

Inkunabeln

Das Sammelgebiet der Inkunabeln, also der bis 1500 gedruckten Bücher, darf wohl als Königin im Reiche des Büchersammelns gelten, haben doch diese frühesten Dokumente der Druckkunst seit jeher die Sammler fasziniert. Allerdings wurde gerade dieses Gebiet seit dem 2. Weltkrieg in immer hektischerem Tempo »bearbeitet«, nicht zuletzt von den vielen amerikanischen Universitätsbibliotheken, die, ausgerüstet mit Geld und einem großen kulturellen Nachholbedarf, alles, was an frühen Druckwerken zu erlangen war, aufgekauft haben. Durch diesen »Run« auf Inkunabeln sind natürlich die Preise stark gestiegen und gleichzeitig die Anforderungen an die Qualität der einzelnen Stücke gesenkt worden. Noch vor fünf Jahren war es zum Beispiel möglich, mit etwas Glück für weniger als 1000 DM einen zwar inhaltlich nicht sehr interessanten, jedoch anständig erhaltenen Frühdruck, eventuell sogar mit ein oder zwei kleinen Textholzschnitten, aus den letzten Jahrzehnten des 15. Jahrhunderts zu kaufen. Heute sind einigermaßen annehmbare Objekte dieser Art kaum mehr unter 3000 DM zu finden. Meist handelt es sich bei den billigsten angebotenen Inkunabeln um irgendwelche päpstliche Bullen und Briefe, die wenige Seiten umfassen und für den Nichtfachmann unverständlich sind. Sobald ein Frühdruck aber aus irgendeinem Grund Interesse beanspruchen kann, sei es seines Alters, seiner Seltenheit, der Bedeutung seines Druckers oder seines Inhaltes wegen, steigen die Preise schnell auf ein Vielfaches. Noch teurer wird eine Inkunabel dann, wenn sie auch noch mit schönen und frühen Holzschnitten geschmückt ist. So konnten zum Beispiel Bestseller unter den illustrierten Frühdrucken, wie Sebastian Brants berühmtes »Narrenschiff« mit 117 zum Teil von Albrecht Dürer geschaffenen Holzschnitten (Basel, 1497) und eine Ausgabe der bekannten »Weltchronik« von Hartmann Schedel, die 1493 von Anton Koberger in Nürnberg gedruckt worden war, bereits 25 000 DM bzw. 50 000 DM kosten. Dabei ist zu berücksichtigen, daß diese Bücher zwar sehr schön, jedoch weder extrem alt, noch besonders selten sind. An dem letztgenannten Werk, Hartmann Schedels »Liber Chronicarum«, wie die lateinische Ausgabe heißt, läßt sich übrigens ein Charakteristikum des frühen Holzschnittbuches erkennen: Das gesamte Werk enthält 1809 Abbildungen von Städten, Landschaften und Personen, die jedoch von nur 645 verschiedenen Holzstöcken abgezogen wurden. Es ist daher nicht erstaunlich, wenn sich die 596 abgebildeten weltlichen und geistlichen Fürsten und anderen Berühmtheiten zum Teil sehr stark ähneln, gelangten doch für ihre Konterfeis lediglich 72 verschiedene Druckstöcke zur Verwendung. Ähnlich steht es mit den Städteabbildungen: Derselbe Holzschnitt stellte eben einmal Paris, mit einer anderen Bildunterschrift versehen Rom und schließlich sogar noch Jerusalem und einige weitere Städte dar.

Angesichts der enormen Verknappung an interessanten Inkunabeln dürfte es heute selbst dann, wenn man erhebliche Geldmittel aufbringen kann, schwierig sein, sich als Sammler ganz auf Inkunabeln zu konzentrieren. Andererseits übt ein solcher Frühdruck eben doch eine starke Faszination auf jeden Freund alter Bücher aus, so daß viele Sammler versuchen, wenigstens eine Inkunabel als eine Art Prunkstück in ihre Bestände aufzunehmen. Wer nun allerdings an einer Inkunabel in diesem Sinne interessiert ist,

SANCTO IOANNE CLIMACHO.
ALTRAMENTE SCHALA PARADISI.

Titelholzschnitt einer kleinen venezianischen Inkunabel von 1491, der »Scala paradisi« (= Himmelsleiter) von Johannes Climax.

sollte einen gewissen Wert darauf legen, ein solches Buch in möglichst originaler Verfassung, also in einem zeitgenössischen Einband zu finden, was gar nicht einfach ist. Viele Frühdrucke wurden nämlich im 18. und 19. Jahrhundert neu gebunden, und derartige Neueinbände passen nicht immer zum übrigen Buchcharakter ebenso wenig, wie manche Neueinbände des 20. Jahrhunderts.

Statt wie heute auf dem Titelblatt, stellten sich die Drucker/Verleger des 15. und frühen 16. Jahrhundertss im sog. »Kolophon« auf der letzten Seite dem Leser vor; hier das Kolophon zu dem von Schönsperger 1519 (2. Aufl.) gedruckten »Theuerdank«, einer biographisch-allegorischen Erzählung in Reimen über Brautfahrt und Werbung des Kaisers um Maria von Burgund.

Äußerlich weisen Inkunabeln einige Besonderheiten auf, die sie von späteren Drucken unterscheiden: In vielen Fällen fehlt ein Titelblatt und der, manchmal in zwei Kolonnen gesetzte Text beginnt unvermittelt mit einem »Incipit Liber ...« (lat. = es beginnt das Buch ...). Allenfalls kann der Buchanfang durch einen kleinen Holzschnitt oder eine Titelzeile gekennzeichnet sein. Auf den Laien mag eine solche Inkunabel daher im ersten Moment wie ein unvollständiges Buch wirken, dem das Titelblatt fehlt. Angaben über den Drucker, den Druckort und das Druckjahr finden sich, wenn überhaupt, im sogenannten »Kolophon« am Ende des Buches; zuweilen fehlen sie jedoch ganz, so daß sich die Bestimmung einer solchen Inkunabel zur mühsamen Detektivarbeit entwickelt, die höchstens dadurch erleichtert wird, daß eine, ebenfalls am Buchende befindliche Druckermarke Hinweise auf den Hersteller gibt. Im wesentlichen gelten diese Eigentümlichkeiten, die natürlich auf das Vorbild der alten Handschriften zurückgehen, auch für die sogenannten »Postinkunabeln« (Spätinkunabeln), wie man zwischen 1500 und 1510 gedruckte Bücher gelegentlich nennt. Charakteristisch für Entstehungszeit und -ort eines Frühdruckes ist ferner der Buchschmuck, der von einfachen Zierinitialen in Schrotschnitttechnik bis zu aufwendigen holzgeschnittenen Randleisten reichen kann. Die außerordentliche Knappheit an guten Inkunabeln hat übrigens dazu geführt, daß heute auch unvollständige Exemplare, denen beispielsweise das erste oder das letzte Blatt oder gar das ganze Register fehlt, durchaus zu guten Preisen »handelbar« geworden sind, was noch vor 20 Jahren unmöglich gewesen wäre.

Aus Mangel an inhaltlich interessierenden und vollständigen Inkunabeln hat sich vor allem unter den typografiegeschichtlich Interessierten das Sammeln von einzelnen Blättern, Fragmenten oder Buchholzschnitten verschiedener Inkunabeln entwickelt. Dieses im ersten Augenblick vielleicht barbarisch anmutende Sammelziel hat bei näherem Hinsehen durchaus seine Berechtigung: Sofern dazu nicht gute und vollständige Bücher »geschlachtet« werden, ist es auf diese Weise möglich, die Entwicklung der Buchdruckerei innerhalb eines bestimmten Zeitabschnittes oder auch in einer Region einigermaßen lückenlos zu dokumentieren.

Zahlreiche Inkunabelblätter, die im allgemeinen aus kräftigem Papier bestanden, wurden als Makulatur, zum Beispiel für die Herstellung von Buchdeckeln, verwendet und tauchen nun gelegentlich wieder auf. Besonders die englische Frühdruckzeit kennt man zu einem beträchtlichen Teil nur aufgrund solcher Fragmente. Bei Pergamentdrucken liegt der Fall sogar noch extremer. Dieses teure

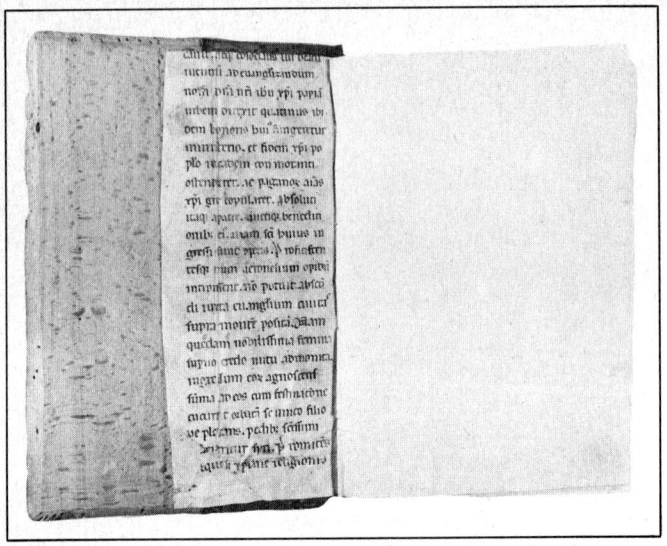

*In dieser Weise wurden in Einbänden des 15. und 16. Jahrhunderts alte Perga-
menthandschriften »verarbeitet«, die der Forschung heute wieder nützliche Dienste
leisten.*

Material wurde auch von Buchbindern wiederverwendet, um aus
zerschnittenen Handschriften oder Drucken z. B. die Bundstreifen
für eine Heftung oder den Einband selbst herzustellen. So ver-
danken wir auch hier einen beträchtlichen Teil unseres Wissens
über alte Handschriften diesen verborgenen Fragmenten.

Drucke des 16. Jahrhunderts

Die Bücher aus dem 16. Jahrhundert, in Antiquariatskatalogen oft
in der Abteilung »alte Drucke« zusammengefaßt, dürften mit der
Zeit immer mehr den Platz einnehmen, den heute noch die Inkunabeln innehaben. Gute Stücke aus dieser Zeit sind heute noch ver-
hältnismäßig preisgünstig und erschwinglich. Dafür ist jedoch die
Zahl der Interessenten größer, da es für praktisch jedes thematische Sammelgebiet irgendein Beispiel aus dem 16. Jahrhundert gibt;

an dieser Stelle seien daher nur einige allgemeine Eigenheiten der Bücher jener Zeit angeführt.

Das Buch des 16. Jahrhunderts hat im Vergleich zur Inkunabel sein Gesicht wesentlich verändert und weist schon alle Ausstattungsmerkmale, wie Titelblatt mit Angabe von Autor, Drucker, Ort und Jahr sowie Inhaltsverzeichnis etc., eines modernen Buches auf. Das Preisspektrum ist auf diesem Gebiet wesentlich weiter; nach oben zwar ebenfalls praktisch unbegrenzt, beginnt es schon bei ca. 100 DM, wobei sich auch unter den billigeren Drucken durchaus interessante und sammelwürdige Bücher finden.

Ein typisches Sammelgebiet unter den alten Drucken bilden die sogenannten Reformationsdrucke, also die Schriften Martin Luthers oder jene von Huldrych Zwingli und Johannes Calvin. Die zahlreichen Luther-Drucke sind immer noch ausgesprochen preiswert und zum Teil für wenige hundert Mark erhältlich, während die von Froschauer in Zürich gedruckten Zwingli-Ausgaben schon eher über 1000 DM gehandelt werden. Ein weiteres, ebenfalls wichtiges Sammelgebiet unter den Drucken des 16. Jahrhunderts stellen die unzähligen lateinischen oder griechischen Klassikerausgaben dar, die in Verbindung mit der Renaissance und dem Humanismus

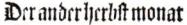

Fragment eines vermutlich im frühen 16. Jahrhundert in Straßburg gedruckten Kalenders mit einem »astrologischen« Ratgeber in Tabellenform.

De Morte & Amore.
EMBLEMA CLIIII.

ERRABAT *socio Mors iuncta Cupidine: secum*
   Mors pharetras, paruus tela gerebat Amor.
Diuertère simul, simul vna & nocte cubarunt:
   Cacus Amor, Mors hoc tempore cæca fuit.
Alter enim alterius malè prouida spicula sumpsit,
   Mors aurata, tenet ossea tela puer.
Debuit inde senex qui nunc Acheronticus esse,
   Ecce amat, & capiti florea serta parat.
Ast ego mutato quia Amor me perculit arcu,
   Deficio, iniiciunt & mihi fata manum.

170   Parçe

Holzschnitt aus dem Emblembuch des Andreas Alciatus, hier in der Ausgabe des Antwerpner Druckers Christoph Plantin von 1581

ΕΚ ΤΩΝ
ΑΡΙΣΤΟΤΕΛΟΥΣ ΚΑΙ
ΘΕΟΦΡΑΣΤΟΥ.

ARISTOTELIS ET
THEOPHRASTI
scripta quædam, quæ uel nunquam antea, uel minus emendata quam nunc, edita fuerunt.

EX OFFICINA HENRICI
Stephani Parisiensis typographi.
AN. M. D. LVII.

Hübsche griechisch-lateinische Aristoteles- und Theophrast-Ausgabe aus der Offizin des Pariser Druckers Henri Estienne (= Henric Stephanus) aus dem Jahre 1557 entstanden. Als einige der wichtigsten Drucker jener Zeit, deren Arbeiten heute schon allein ein eigenes Sammelgebiet bilden, sind Aldus Manutius in Venedig, mit seinen »Aldinen« genannten Klassikerausgaben, sein florentinischer Konkurrent Filippo Giunta mit seinen »Giuntinen«, Johann Froben in Basel, Sigismund Feyerabend in Frankfurt oder Christoph Froschauer in Zürich zu nennen.

Diese alten Klassikerausgaben sind vor allem als typografische Beispiele von Interesse und als solche zum größten Teil sogar recht billig. Eine hübsche Cäsar-Ausgabe aus der 1. Hälfte des 16. Jahrhunderts etwa ist, je nach Drucker, schon für weniger als 200 DM erhältlich. Bemerkenswerterweise spielt für die Bücher aus dem 15. und 16. Jahrhundert die Erstausgabenfrage noch lange nicht jene Rolle, die ihr im 17. und den folgenden Jahrhunderten zufallen sollte. Insgesamt dürften die Drucke des 16. Jahrhunderts heute für die Sammler alter Bücher zum interessantesten noch in größerer Menge verfügbaren Sammelgut gehören. Wer sich vor allem für frühe Druckwerke interessiert, tut gut daran, sich hier möglichst bald einzudecken; die Preisentwicklung, die gute Inkunabeln in letzter Zeit so unerschwinglich gemacht hat, dürfte nämlich bald auch auf die Bücher des 16. Jahrhunderts übergreifen.

Illustrierte Drucke

DAS HOLZSCHNITTBUCH ·

Illustrierte Bücher erfreuten sich schon zur Zeit ihrer Entstehung großer Beliebtheit und gehören heute zu den begehrtesten bibliophilen Kostbarkeiten, nicht zuletzt deshalb, weil sie ihren Besitzern die unmittelbarste Information aus früheren Zeiten liefern, oft künstlerisch wertvoll gestaltet sind und daher doppelte Freude bereiten. Während illustrierte Werke aus der Inkunabelzeit, wie bereits angeführt, heute kaum mehr in ausreichender Menge zur Verfügung des Durchschnittsammlers stehen, sind es auch hier wieder die Werke des 16. Jahrhunderts, die, zumindest im Bereich der holzschnittgeschmückten Bücher, vorrangig das Sammlerinteresse beanspruchen. Zu ihnen gehören insbesondere viele wissenschaftliche Werke über Medizin, Bergbau, Astronomie, Heilpflanzenkunde, Zoologie etc., die je nach ihrer Bedeutung, Seltenheit und Schönheit natürlich ebenfalls recht teuer sein können. So kostet eine gute Ausgabe des berühmten, von Oporin um 1543 in Basel gedruckten anatomischen Atlas des Andreas Vesalius »De humani Corporis Fabrica«, der mit unzähligen, zum

Holzschnittdarstellung des Kannibalismus auf der Insel »Giava« in Sebastian Münsters Cosmographia (seit 1544 von Henric Petri in Basel immer wieder neu aufgelegt). Derselbe Holzschnitt wird in diesem Werk übrigens noch mehrfach – z. B. im Zusammenhang mit den »neuen Inseln« – verwendet.

Teil großartigen Holzschnitten illustriert ist, kaum weniger als 5000 DM. Georg Agricolas Bergwerkbuch »De re metallica . . .«, das von Froben um 1561 in Basel gedruckt wurde, dürfte ebenfalls kaum unter diesem Preis erhältlich sein. Die in zahlreichen deutschen und lateinischen Auflagen seit 1544 von Henric Petri in Basel herausgegebene, mit vielen Holzschnittkarten und Städteabbildungen versehene »Cosmographia« oder »Weltbeschreibung« des humanistischen Gelehrten Sebastian Münster, eines der berühmtesten Bücher jener Zeit, das übrigens kurioserweise zuerst in deutscher Sprache und erst später auch in einer lateinischen Übersetzung erschien, kann je nach Ausgabe und Zustand leicht 20 000 DM und mehr kosten.

Der besondere Reiz von Buchholzschnitten liegt in ihrer zuweilen geradezu abstrakten Einfachheit, die zusammen mit dem Schriftbild eine harmonische Einheit bilden kann. Dies ist vor allem in den vielen »Emblemata-Büchern« jener Zeit erkennbar, die als Sammlungen symbolischer oder allegorischer Darstellungen der verschiedensten Motive aus allen Teilen des menschlichen Lebens angelegt wurden und schon für sich ein interessantes und zudem

PINPINEL. SAXIFRAG.   PINPINEL. GRANDE.

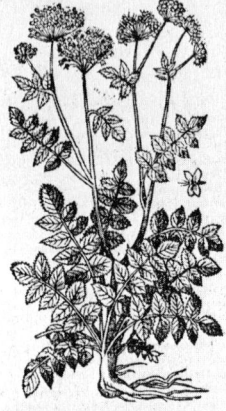

PIMPINELLE PETITE.

tous les herboristes le témoigneront, mais les paysans mesmes
connoissans ces deux plantes. Ce dictam n'est il pas autant dif-
ferent du lentisque, que la germandrée du chesne, l'iue arthe-
tique du pinécoment donc de grandeur de verges & de bran-
ches surmontera il le lentisque ? O vous herboristes que vous
semble-il du fruit? Auez vous veu en Italie, en Chio, en Cre-
te ou ailleurs le lentisque, comme le dictam blanc, produire
des goussès cinq à cinq, ou de grappes entassées de fruis rou-
geatres, desquels on tire l'huile lentiscin? Les grappes ne dif-
ferent-elles point en vostre endroit des goussès? La seconde
espece que Dioscor. décrit, est plustost vne herbe que arbris-
seau, veu que sa racine se peut manger tant crue que cuitte, &
est semblable au reifort sauuage. Ie n'ai encores trouué perso-
ne qui m'ait montré vne plante, aiant les feuilles comme le ceterac, & sentat le bouquin. Parquoi ie ne pui estre de l'opinion
de ceux qui tiennent ce tragium estre plante qu'aucuns
appellent Pimpinelle, les autres Saxifragia hircina. Car cette

Pimpinelle. pimpinelle n'a point les feuilles comme le ceterac, & n'est bone aux dysenteries, combien qu'elle soit fort propre à faire vri-
ner, & à desoppiler les parties interieures. Il y a deux especes
Especes de de cette pimpinelle. La plus grãde a la racine longue, ses feuil-
pimpinelle. les couchees par terre tout en rond, decouppees, & dentelees
alentour : sa tige est quartee : ses fleurs amassees en vmbelle,
menues & blanchatres.   La petite a la tige rouge : les feuilles
moindres, moins decouppees, & dentelees plus menu. L'vne
Tempera- & l'autre sent le bouquin. La racine, en laquelle gist toute la
ment & ver- vertu, est chaude & seche au second degré complet, ou au com-
tus. mencement du tiers. Ell'est fort bone au douleurs de reins, &
de vessie, qui procedent de la pierre. Car elle décharge les
reins de la grauelle, & fait sortir l'vrine retenue Le ius de la
racine beu auec du vin est singulier contre tous poisons, &
morsures de bestes venimeuses. Pour cette cause aucuns font grand cas de cette racine contre la peste. Il y
a vn'autre pimpinelle que nous apellons en nostre vulgaire, Sorbastrella, conneuë de tous, parce qu'on
en mange souuent en salades. Ell'est differente en vertus aux precedentes, combien qu'elles se resem-
blent assés de forme des feuilles. Car ell'est fort astringente au goust, & fort pasleuse. Dont on la doit iuger
estre de vertu astringente. Pource ell'arreste fort bien le flus des femmes, la dysenterie, & autres flus de
ventre, & les vomissemens d'humeurs choleriques. Cette herbe guerit les plaies & vlceres: & la met-on es
ongnemens qu'on fait pour les plaies de la teste, & pour les chancres. Matthæus Curtius Medecin fa-
meux de nostre tems la loue grandement es fieures pestilentiels, & contagieuses. Aucuns disent que 70
c'est Elatine, lesquels s'abusent selon mon auis, comme nous auons montré ci-dessus sur le chap. de Elati-
Qualités ne. Il y a deux especes de cette pimpinelle. La grande croist en Boheme aux prés en quantité, de feuilles, de
& vertus. bréchettes, de tiges, de boutons, de racines beaucoup plus grandes que l'autre. Toutes deux sont de mesmes vertus. Gal. fait mention du tragiũ au liu.8. des simpl. Les feuilles, dit-il, du tragiũ, la graine & le ius
font

Das Fünffte Gebott.

Im Fünfften Gebott Gottes/

gebeut der ewige Allmächtige Gott / daß man nicht tödten/
noch vnschüldig Blut vergiessen. Item/ auch nicht Tyrannen/Auffruhr/Zorn/
Haß/ Neidt/ vben noch verbringen solle/ Sondern man solle viel mehr friedlich leben/ seinen Ne-
besten lieben vnd fördern in allen Leibendten/ Folgen derhalben grewliche Historien vnnd Exem-
pel/der jenigen/ so dieses Gebott vbertretten / vnd was dieselbigen vor schreckliche Straff
vnd Widervergeltunge/deß Todschlags halben/bekommen haben.
Erstlich beherbige man etliche auß der heiligen Schrifft.

*Dieser, in der Mitte des linken Bildrandes die Signatur »SF« (wahrscheinlich
Sigmund Feyerabend) tragende Holzschnitt stammt aus dem Fragment eines sog.
»Exempelbuches« des 16. Jahrhunderts, in dem jedes der 10 Gebote (hier das fünfte:
Du sollst nicht töten) bebildert ist.*

◁ *Seite aus dem berühmten Kommentar von Andre Matthiolus zu den sechs Büchern
des Dioskorides in einer Lyoner Ausgabe von 1579*

preislich noch einigermaßen tragbares Sammelgebiet sind. So ist selbst eine hübsche Plantin-Ausgabe der berühmten »Emblemata« von Andreas Alciatus von 1581 leicht unter 1000 DM erhältlich. Es kann in diesem Zusammenhang nicht deutlich genug wiederholt werden, daß bei Holzschnitten ein ungeschicktes oder geschmackloses Kolorit viel mehr verderben als nützen kann. Fast immer jedenfalls stört die Farbe den ruhigen grafischen Schwarzweiß-Charakter des alten Buchholzschnittes.

Da die Druckstöcke der verschiedenen Holzschnitte auch an andere Drucker weiterverkauft oder auch vererbt wurden, sind sie oft über ihre normale Haltbarkeit hinaus abgenützt worden, so daß sie nur noch minderwertige Ergebnisse lieferten, wie bereits im Abschnitt Bilddruckverfahren besprochen wurde. Beim Kauf eines alten Holzschnittbuches sollte man daher auf möglichst frische Abzüge achten. Allerdings finden sich sogar in guten Exemplaren meist einige mangelhafte Illustrationen, mehr noch natürlich in späteren Auflagen eines Werkes.

KUPFERSTICHBÜCHER

Wie bereits erwähnt, begann im 17. Jahrhundert der Siegeszug von Kupferstich und Radierung, die den Holzschnitt als Buchillustration bald vollständig verdrängten. Künstlerisch oder auch nur geschmackvoll ausgestaltete Kupferstichbücher (man unterscheidet hier nicht zwischen Radierungen und Kupferstichen) waren vor allem in der Zeit des Barocks und Rokokos in Frankreich und England sehr beliebt. Der Kupferstich war aber auch das geeignete Abbildungsverfahren, um die immer weiterverbreiteten wissenschaftlichen Werke jener Zeit zu illustrieren. Im Gegensatz zum Holzschnitt, der sich höchstens für mathematische, geometrische oder sonstige schematische Figuren eignete, ermöglichte der Kupferstich eine weit höhere Abbildungspräzision, die auch den Leistungen der neuen Kartografie besser zu entsprechen vermochte. Zudem wurde die Wirkung von Kupferstichabbildungen durch ein Kolorit weniger beeinträchtigt als jene von Holzschnitten. Das künstlerische Niveau der Kupferstichillustration deckte ein sehr breites Spektrum ab, das von Rembrandts großartigen Bibelradierungen bis zu den simpelsten Formen kleiner Vignetten reichte. Es ist sicher kein Wunder, daß schöne Kupferstichwerke zu den teuersten Büchern überhaupt gehören, wie beispielsweise John James Audubons 1827 bis 1838 gedrucktes Buch »The byrds of America«, das 436 prachtvolle hand-

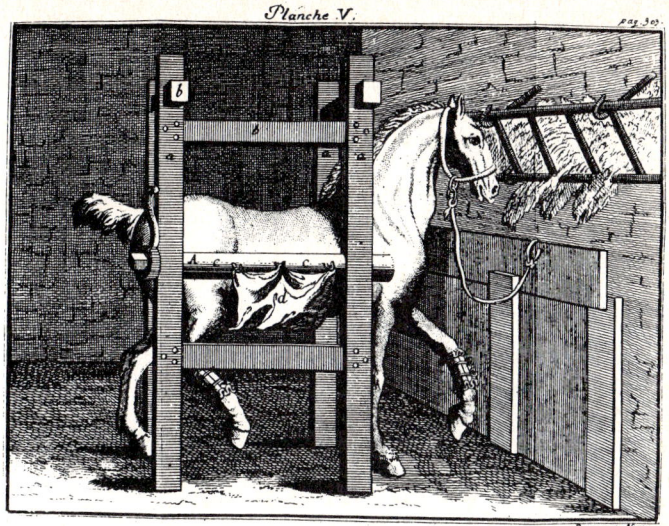

Kupferstich über die Behandlung des Beinbruchs bei Pferden, aus »L'Art de la
Manege ...« von Baron de Sind, gedruckt in Wien von Johann-Thomas von
Trattnern im Jahre 1772

Ansichtensammlungen, wie dieser 1759 in Nürnberg erschienene »Prospecte aller
Nürnbergischen Staedtlein, Markt-Flecken, Pfarr-Dörfer ...« mit 65 doppel-
blattgroßen Kupfern, gehören zu den gesuchten Büchern aus dem 18. Jahrhundert

kolorierte Aquatinta-Radierungen enthält und mit einem Versteigerungspreis von rund 800 000 DM (bei Christie's im Juni 1977 in New York) zu den teuersten aller jemals versteigerten Bücher zählt.

Aber auch dem bescheidenen Sammler bieten sich heute noch gute Möglichkeiten, ansprechende Kupferstichwerke zu finden. Allerdings werden inzwischen laufend intakte naturhistorische und

Mit hübschen Kupferstichen geschmückte Taschenbücher und Almanache bilden heute ein eigenes Sammelgebiet.

ähnliche Kupferstich-Werke des 18. und 19. Jahrhunderts von skrupellosen Bücherfledderern massakriert, und die Stiche — wenn möglich sogar nachkoloriert — einzeln verkauft; ein Vorgehen, das zur Rettung hoffnungslos unvollständiger Exemplare wohl angehen mag, im Falle intakt erhaltener Werke jedoch eigentlich einen Straftatbestand darstellen sollte! Die älteren illustrierten Werke, vorab die illustrierten Inkunabeln, scheinen derzeit durch den außerordentlich hohen Preis, den sie als vollständige Exemplare erzielen können, geschützt zu sein. Auch erfordert die Erfassung des künstlerischen Wertes alter Buchholzschnitte eben oft ein größeres, und damit entsprechend selteneres Kunstverständnis, als ein bunter Trachten- oder Blumenstich.

DAS MODERNE ILLUSTRIERTE BUCH

Illustrierte Bücher aus dem späten 19. und dem 20. Jahrhundert finden heute natürlich zahlreiche Sammler, wobei die lithografierten oder xylografierten Werke französischer Karikaturisten wie Gavarni, Grandville oder Daumier bereits seit langem begehrte Sammelstücke sind. Von besonderem Reiz, aber leider schon recht teuer, sind hier die Arbeiten mancher Jugendstil-Illustratoren, die sich wohltuend von der leicht muffigen Atmosphäre der historisierenden Abbildungen vorangegangener Jahrzehnte abheben. Wer sich auf diesem Gebiet etwas sorgfältiger umsieht und nicht ausschließlich Werke der berühmtesten Illustratoren jener Zeit, wie Julius Diez, Hans Christiansen, Heinrich Vogeler, Hugo Höppener (Fidus) oder gar Aubrey Beardsley und Franz von Bayros sucht, kann hier ein preislich und künstlerisch attraktives Sammelgebiet bearbeiten.

Eine Sonderstellung unter den modernen illustrierten Werken nehmen die von Künstlern wie Pablo Picasso oder Georges Braque illustrierten und signierten Werke der Literatur ein. Diese werden nur in streng limitierter und von den Künstlern signierter Auflage als bibliophile Kostbarkeiten herausgegeben, wenden sich jedoch mehr an den Sammler moderner Meistergrafik.

Allgemein gilt für das Sammeln alter Bücher, daß illustrierte Werke stets um einiges teurer sind als entsprechende, zur gleichen Zeit entstandene Werke ohne Abbildungen. So kostet eine mit Holzschnitten bebilderte Länderbeschreibung das Vielfache einer nur aus beschreibendem Text bestehenden Chronik, und eine der vielen im 20. Jahrhundert erschienenen illustrierten Sittengeschichten ist gegenüber nicht illustrierten Ausgaben ebenfalls erheblich teurer. Alte Bibeln und ähnliche religiöse Literatur, werden von enormen Auflagen, die solche Werke erreichten, ist dieser nämlich meist eher gering, und häufig erregen sie erst durch allfällige Abbildungen ein gewisses Sammlerinteresse. Wer sich vor allem für Holzschnitt- und Kupferstichwerke interessiert, sollte sich eingehend mit dem Gebiet der dekorativen Grafik beschäftigen, wenn er lernen will, die Qualität seiner Sammelobjekte richtig einzustufen.

Frontispiz zur ersten illustrierten Ausgabe von Brillat Savarins »Physiologie du Gout« mit dem Titel »Die Sinne«.

Dramatische Holzstichabbildung aus dem populären französischen Sittenroman »Le Roi du Crime« von Camille Bonmeur, aus dem Jahre 1882

Illustration aus »Vie privée et publique des Animaux«, einem der Hauptwerke des großen französischen Karikaturisten Grandville in einer Ausgabe von 1875

Aus einem von Arthur Rackham illustrierten Sagenbuch von 1920

DER YANKEE

Aus einem 1911 erschienenen Herrenbrevier »Lebenskunst« mit Illustrationen von
Stephan Krotowski.

ZWISCHEN SINNENLUST UND SEELENFRIEDEN

Aus dem 1928 erschienenen, hübsch illustrierten Herrenbrevier von Paula und Burghard von Reznicek.

Literarische Werke

Mit »literarischen Werken« sind im folgenden nicht in erster Linie Werke der Antike oder des Mittelalters gemeint, deren Erstdrucke in die Inkunabelzeit oder in das 16. Jahrhundert fallen, sondern Arbeiten aus dem 18., 19. und 20. Jahrhundert. Es handelt sich dabei zwar um ein schon klassisches Gebiet der Bibliophilie, für den modernen, literarisch interessierten Sammler gibt es jedoch immer noch zahlreiche befriedigende Sammelmöglichkeiten, weil hier die verschiedenartigsten Richtungen auftreten. Neben den üblichen Spielarten des Sammelns der Werke einzelner Autoren, bestimmter Epochen oder Sprachen bieten sich ungezählte Sammelthemen an, wie Gespenstergeschichten, Katzengeschichten, Kunstfabeln, Kriminalromane oder Märchen, die den Aufbau sehr individueller Sammlungen gestatten. Obschon es unter den literarischen Erstausgaben ebenfalls teure Kostbarkeiten wie die Erstdrucke der berühmten Klassiker oder Romantiker gibt, die je nach Seltenheit und Wichtigkeit zwischen einigen 100 und einigen 1000 DM kosten können, besteht das eigentliche Kapital des Literatursammlers in seiner Kenntnis der Literaturgeschichte. Diese befähigt ihn, Erstausgaben der weniger geläufigen, jedoch nicht minder interessanten Schriftsteller und Dichter in Antiquariaten als solche zu erkennen und meist preisgünstig zu erwerben. Besonders die deutsche Literatur des 19. und beginnenden 20. Jahrhunderts stellt für den fleißigen und kenntnisreichen Sammler eine bisher noch wenig ausgeschöpfte Fundgrube dar.

Obschon in der Literatur traditionsgemäß vor allem die Erstausgaben einzelner Werke gesammelt werden, gibt es noch andere begehrte Formen, wie Gesamtausgaben, unter denen es wiederum Erstausgaben und ähnliches gibt, zum Beispiel eine »Ausgabe letzter Hand«, worunter man die letzte vom Autor selbst bearbeitete Ausgabe versteht. Daneben wären zu nennen die von Künstlern illustrierten Ausgaben, gesammelte oder ausgewählte Werke, Gedichtsammelbände und schließlich Ausgaben, die in einer bestimmten Reihe erschienen sind. Einen Leckerbissen für die Sammler literarischer Werke stellen natürlich die sogenannten »Widmungsexemplare« dar, also vom Autor persönlich signierte und meist mit einer Widmung versehene Exemplare (normalerweise der Erstausgabe). Für diese interessiert sich allerdings auch die große Gemeinde der Autografen-Sammler, so daß derartige Bücher manchmal unverhältnismäßig teurer als unsignierte Werke sind.

Eine Spezialität auf dem Gebiete des Literatursammelns stellen

CANDIDE,

O U

L'OPTIMISME,

TRADUIT DE L'ALLEMAND.

D E

MR. LE DOCTEUR RALPH.

MDCC LIX.

Voltaire's »Candide« in einer Ausgabe von 1759; daß es sich um die Erstausgabe handelt, ist wahrscheinlich, aber nicht sicher, da 16 bis 17 Ausgaben mit demselben Druckdatum geheim gedruckt worden waren.

Laokoon:

oder

über die Grenzen
der

Mahlerey und Poesie.

Υλη και τροποις μιμησεως διαφερυσι.

Πλατ. ποτ Αθ. κατα Π. ή κατα Σ. bδ.

Mit

beyläufigen Erläuterungen

verschiedener Punkte

der alten Kunstgeschichte;

von

Gotthold Ephraim Lessing.

Erster Theil.

Berlin,
bey Christian Friedrich Voß.
1 7 6 6.

Titelblatt der Erstausgabe von Lessings Laokoon, gedruckt von Christian Friedrich Voss in Berlin, 1766

De la Rochefoucault's

S ä t z e

aus

d e r   h ö h e r n   W e l t-

und

Menschenkunde.

———

Französisch und deutsch herausgegeben

von

Friedrich Schulz.

L. Consani

Breslau.
Bei Wilhelm Gottlieb Korn.
1790.

*Klassizistisch nüchternes Titelblatt einer zweisprachigen Ausgabe von
La Rochefoucault's Maximen aus dem Jahre 1790*

Geistliche

Oden und Lieder

von

C. F. Gellert.

Neue Auflage.

Zürich,

Gedruckt in Bürklischer Druckerey.

MDCCCL

Christian Fürchtegott Gellert's »Geistliche Oden und Lieder« in einer Zürcher Ausgabe von 1801

Titelblatt eines der wegweisenden Werke der Romantik, Achim von Arnims und Clemens Brentanos »Des Knaben Wunderhorn« von 1808

Kleine Kupferstichillustration zum Erstdruck von E. T. A. Hoffmann's Erzählung »Das Fräulein von Scuderi«, die in dem »Taschenbuch für das Jahr 1820« (hrsg. von Dr. St. Schütze) erschienen ist.

ferner die sogenannten »Almanache« dar, kleine Taschenausgaben mit gemischtem, literarischem und erbaulichem Inhalt, die in der Klassik und der Romantik oft jährlich neu herausgegeben wurden und sich schon daher als Sammelobjekt bestens eignen, zumal sie, wie die sog. »Kalenderliteratur«, oft hübsch illustriert sind und gelegentlich sogar die Erstdrucke kleinerer Werke großer Dichter jener Zeit enthalten. Die Almanache des 18. und 19. Jahrhunderts, die wie der größte Teil der literarischen Produktion jener Zeit bereits ziemlich vollständig bibliografisch erfaßt sind, gehören allerdings nicht gerade zu den billigsten Sammelobjekten des Buchmarktes. Häufig wiederkehrende Preise liegen hier zwischen 100 und 500 DM für einzelne Bände, während komplette Reihen wesentlich teurer sind. Den geringsten finanziellen Einsatz, nämlich im Durchschnitt 10 bis 100 DM erfordern dagegen vorläufig noch die Erstausgaben der Literatur des 20. Jahrhunderts, die in vielen Fällen unerkannt in den Regalen der Antiquare auf ihre Entdecker warten. Gerade auf diesem Spezialgebiet kann sich der regelmäßige Besuch bei jenen »Feld-, Wald- und Wiesenantiquaren« — die häufig in Universitätsnähe zu finden sind — besonders lohnen.

Geschichte

Auch das Sammelgebiet der historischen Literatur zerfällt zwangsläufig in unzählige Einzelgebiete, die eigentlich jedem Sammler genügend Spielraum zur Entfaltung seiner persönlichen Sammlerleidenschaft lassen. So kann man neben lokal- oder landesgeschichtlichen Werken, die im Ausland oft wesentlich billiger angeboten werden als zu Hause, archäologische Werke oder kultur- und sittengeschichtliche Bücher sammeln. Letztere erfreuen sich, besonders in illustrierten Ausgaben, zur Zeit größter Beliebtheit. Als Beispiele hierfür seien die hervorragende dreibändige, 1925 erschienene Sittengeschichte Griechenlands von Hans Licht, die mehrere 100 DM kosten kann, und die gleichzeitig erschienene »Illustrierte Sittengeschichte« von Eduard Fuchs erwähnt, deren insgesamt 6 Bände in den seltenen gut erhaltenen Ausgaben meist einiges über 500 DM kosten.

Ein typisches Spezialsammelgebiet stellen Karikaturensammlungen dar, die eine eigene Sicht der Geschichte vermitteln und heute bereits ziemlich teuer — zum Teil für mehrere 100 DM — verkauft werden.

Leider sind auch die wenig bearbeiteten historischen Spezialthemen nicht gerade billig, was daran liegt, daß es für praktisch alle

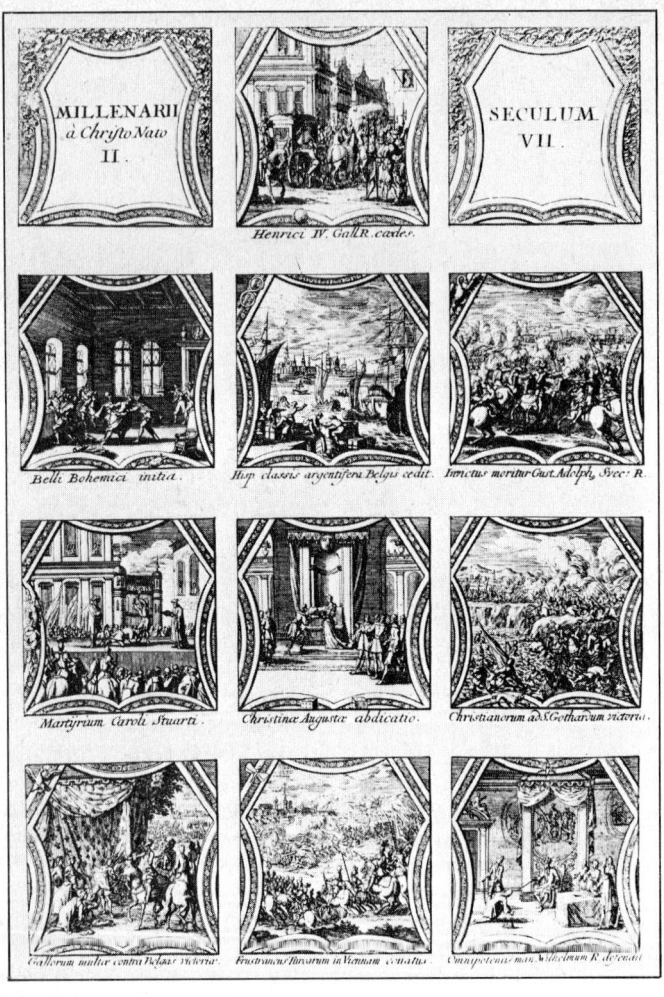

Kupfertafel aus dem großformatigen Geschichtswerk »Bedächtnuss – hülftliche Bilder – Lust ...« (Nürnberg, 1697), in dem auf einer Tafel mit 10 kleinen Abbildungen – pro Jahrzehnt ein Ereignis – jeweils ein Jahrhundert vorgeführt wird; in der zweiten Reihe ganz links erkennt man den Prager Fenstersturz.

A B R E G E

D E   L A

CHRONOLOGIE

D E S

ANCIENS ROYAUMES,

P A R

M^R. N E W T O N.

Traduit de l'Anglois

de M^r. R E I D.

A   G E N E V E,

Chez H E N R I - A L B E R T   G O S S E,

& C O M P A G N I E.

M D C C X L I I I.

Ein historisches Werk des berühmten Physikers Isaak Newton über die alten Königreiche, hier in einer französischen Übersetzung von 1743

Titelkupfer von Johann Meyer zu Johann Heinrich Rahns »Eidtgenössischer Geschicht Beschreibung«, die 1690 in der Simmlerischen Druckerei erschien.

historischen Gebiete gewisse Standardwerke gibt, die man sich mit so vielen Sammlern anderer Spezialgebiete teilen muß, daß sie zwangsläufig teuer sind. Da man praktisch jedes noch so spezialisierte Fachgebiet stets unter dem Blickwinkel seiner Geschichte betrachten und die entsprechenden Werke sammeln kann, dürfte der historische Sammlergesichtspunkt der vielseitigste auf dem ganzen Gebiet der Bibliophilie sein!

Recht und Rechtsgeschichte

Das Sammelgebiet alter Jurisprudenz und Rechtsgeschichte wird als thematisch ziemlich klar abgegrenztes Gebiet vorwiegend von Sammlern gepflegt, die schon beruflich damit zu tun haben. Die Unentbehrlichkeit gewisser Standardwerke macht sich auf rechtshistorischem Gebiet besonders deutlich und kostspielig bemerkbar. So kostet eben eine Ausgabe des 1474 erstmals erschienenen »Sachsenspiegels«, einer wichtigen Quelle der germanischen Rechtsgeschichte, auch noch in einer späteren Ausgabe des 16. Jahrhunderts (als Erstausgabe dürfte er kaum mehr aufzutreiben sein) 2000 DM und mehr. Für die »Constitutio Criminalis Theresiana« von 1769, ein Schlüsselwerk der Geschichte des Straf- und Strafprozeßrechtes, mit ihren 30 Kupferstichabbildungen der verschiedenen Daumenschrauben, Beineisen und anderen Folterinstrumente muß man sogar noch mehr bezahlen! Dagegen ist eine 1692 in Mainz erschienene Sammlung aller Reichstagsabschiede von 1356 bis 1654, die also auch die »Goldene Bulle« enthält, schon für weniger als die Hälfte dieses Betrages zu finden. Da jedoch unzählige Juristen, Institute und Bibliotheken all diese und andere wichtige Werke wie Pandektensammlungen, Corpus juris civilis oder den Code napoleon benötigen, dürfte es im Einzelfall große Geduld brauchen, eine einigermaßen komplette Sammlung zusammenzustellen.

Als typisches Spezialgebiet innerhalb der juristischen Fachliteratur kann die Kriminalistik gelten: Hier gibt es immerhin noch zahlreiche, zwar nicht billige, aber noch erschwingliche Bücher zu finden. Nach einiger Zeit wird der ernsthafte Kriminalistiksammler jedoch feststellen müssen, daß so grundlegende und unentbehrliche Werke wie Cesare Beccarias »De i Delitti e delle Pene« von 1764, oder die wichtigen Werke Cesare Lombrosos in Originalausgaben ebenso selten und teuer sind wie eine der vielen Sammlungen wichtiger Kriminalfälle, die nach ihrem Begründer, dem französischen Rechtsgelehrten Georges Gayot de Pitaval und

Alle des Heyligen Römischen Reich's
gehaltene Abschide

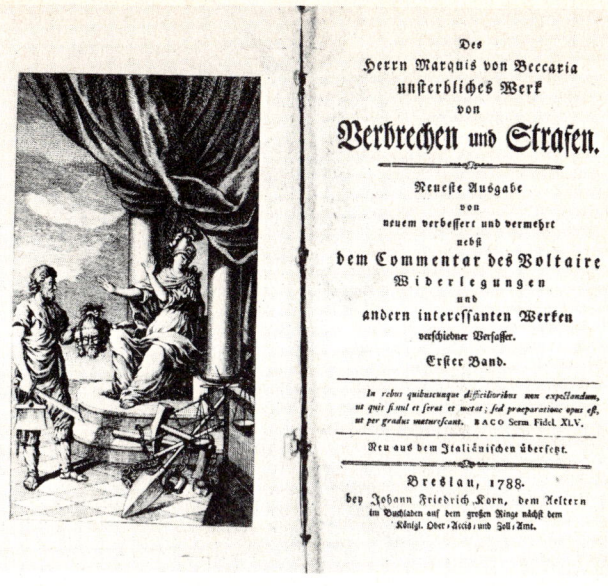

Titelblatt und Frontispiz einer mit einem Kommentar Voltaires versehenen Übersetzung von Cesare Beccarias kriminologischem Schlüsselwerk »Von Verbrechen und Strafen«, Breslau 1788

dessen 20bändigen »Causes célèbres« von 1734 kurz »Pitaval« oder auch »Neuer Pitaval« genannt werden.

Auf alte juristische Literatur spezialisieren sollte sich daher nur, wer neben dem Interesse für dieses Gebiet auch die einschlägigen Kenntnisse mitbringt. Ansonsten »lohnt« sich das Sammeln ausgewählter juristischer Texte wohl am ehesten in Zusammenhang mit anderen, beispielsweise lokalgeschichtlichen oder sozialgeschichtlichen Themenkreisen.

◁ *Sammlung aller bis 1654 erlassenen Reichstagsabschiede, gedruckt in Mainz 1692*

Der Graffschafft Hohenlohe gemeinsames Land-Recht,

Mit Denen benöthigten

MARGINALIEN

Und

Registern

versehen.

Oehringen,
Druckts Johann Daniel Holl, Hochgräfl. Hohenl. gemeinschafftl. Hof- und Cantzley-Buchdr. 1738.

Titelblatt eines schön gedruckten juristischen Werkes von 1738

Darstellung und Anweisung zur Durchführung der Feuertortur aus der *Constitutio Criminalis Theresiana*, die 1769 von Johann Thomas von Trattnern in Wien gedruckt wurde.

Wissenschaft und Technik

Wissenschaft und Technik gehören zu den ältesten Sammelgebieten überhaupt, und das nicht erst seit Gutenberg. Allerdings sammelten früher vorwiegend die Gelehrten, die mit den betreffenden Gebieten zu tun hatten und sich daher eine Fachbibliothek anlegen mußten. Auf breiter Basis hat sich das Sammeln wissenschaftsgeschichtlicher Werke jedoch erst seit Beginn dieses Jahrhunderts entwickelt. Vor ca. 20 Jahren setzte dann eine stürmische Nachfrage nach diesen bis dahin vergleichsweise billigen Büchern ein. So hat heute das Gebiet »Wissenschaft und Technik« in Verbindung mit der Geschichte der Wissenschaft die heftigsten Preissteigerungen des Büchermarktes zu verzeichnen. Obwohl inhaltlich ganz anders gelagert, ist die alte Wissenschaft als bibliophiles Sammelgebiet durch verschiedene Eigenheiten mit dem Sammelgebiet »Literatur und Dichtung« verwandt: So gilt hier ebenfalls die weitgehende Priorität der Erstausgaben, die als signierte Exemplare wiederum besonders geschätzt werden. Wie in der Literatur kennt man hier mannigfache Formen von Erstausgaben, zum Beispiel von gesammelten Werken, oder sogenannte »Offprints«, »Vorabdrucke«, Separat- und Sonderdrucke, womit in der Regel ein separater Abdruck einer zur Publikation in einer wissenschaftlichen Zeitschrift bestimmten Arbeit gemeint ist, die der Autor seinerzeit als Belegexemplare erhielt. Während nun die älteren Werke aus Wissenschaft und Technik, wie das bereits erwähnte Bergwerksbuch des Georg Agricola, die zahlreichen naturhistorischen Werke des 18. und 19. Jahrhunderts, aber auch die vielen Werke aus Mathematik, Ingenieurwesen, Astronomie, Landvermessung usw., schon seit langem ihre Liebhabergemeinde und damit ihren Preis hatten, haben Arbeiten der neueren Wissenschaft aus dem 19. und besonders aus dem 20. Jahrhundert seit Ende des 2. Weltkrieges schlagartig an bibliophiler Bedeutung gewonnen. Genaueres Hinsehen zeigt, daß dieser Aufschwung eng mit dem Erscheinen entsprechender Spezialkataloge zusammenhing, wobei der zündende Funke vermutlich von jener legendären Ausstellung »Printing and the Mind of Man« ausging, die vom Britischen Museum im Juli des Jahres 1963 in London durchgeführt worden ist. In dieser Ausstellung wurden erstmals die bereits seit langem zum Sammelgut der Bibliophilen gehörenden Werke eines Newton, Galilei oder Kepler jenen von Maxwell, Planck, Einstein, oder Heisenberg »gleichgestellt«. Der Katalog zu dieser Ausstellung darf heute wohl als eine Art Richt-

EVCLIDIS MEGA-

RENSIS CLARISSIMI PHILOSOPHI, MATHEMATICO-
rum facilè principis, primùm ex Campano, deinde ex Theone Græ-
co commentatore, interprete Bartholomæo Zamberto Ve-
neto, Geometricorum elementorum liber primus.

Ex Campano, triplex principiorum genus.

Primum, Diffinitiones.

Vnctus est, cuius pars non est. 2 Linea, est
longitudo sine latitudine: 3 Cuius quidem
extremitates, sunt duo puncta. 4 Linea recta, est ab uno puncto ad alium breuissima extensio, in extremitates suas eam recipiens.

5 Superficies est, quæ longitudinem & lati
tudinem tantùm habet: 6 Cuius quidem
termini, sunt lineæ. 7 Superficies plana, est
ab una linea ad aliam breuissima extensio, in
extremitates suas eam recipiens.

Punctus, aut signum.   Linea.   Su-   per   fi   ci   es.

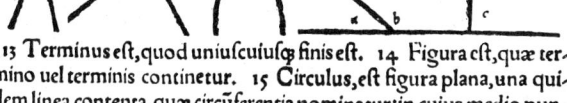

8 Angulus planus, est duarum linearum alternus contactus, quarum
expansio est super superficiem, applicatioq́; non directa. 9 Quando
autẽ angulum continent duæ lineæ rectæ, rectilineus angulus nomina
tur. 10 Quando recta linea super rectam steterit, duoq́; anguli utrobiq̀;
fuerint æquales, eorum uterq̀; rectus erit, lineaq́; lineæ superstans, ei cui
superstat, perpendicularis uocatur. 11 Angulus uerò qui recto maior
est, obtusus dicitur. 12 Angulus uerò minor recto, acutus appellatur.

Angulus planus.   Rectilineus.   Angulus obliquus.   a Acutus.   b Obtusus.   Linea perpend.   c Rectus.

13 Terminus est, quod uniuscuiusq̀; finis est. 14 Figura est, quæ ter-
mino uel terminis continetur. 15 Circulus, est figura plana, una quidem linea contenta, quæ circuferentia nominatur: in cuius medio punctus est, à quo omnes lineæ rectæ & ad circuferentiã exeūtes, sibi inuicẽ

a

*Die »Elemente« von Euklid in der Ausgabe des Basler Druckers Johannes
Herwagen aus dem Jahre 1546*

MOTI CELESTI
Sopra la mutatione dell'aria,

Et varij accidenti, che possono accadere nel
presente Anno Bissestile 1636.

*Con una Scala Celeste del' imperio , che hanno quà giù
in terra i Pianeti, & i dodici Segni Celesti.*

Di Cornelio Ghirardelli .

Dedicati al molt'Illustre, & Eccellentiss.
SIG. GIACOMO BARBIERI
Dottore Collegiato in Filosofia,e Medicina.

NON ATTINGITVR ALIS

In Bologna, presso Clemente Ferroni 1636. Con licenza de' Superiori.

Astronomisches Werk von Giacomo Barbieri, gedruckt in Bologna, 1636

JOHANNIS MAVRITII HOFFMANNI,

SERENISSIMI MARCHIONIS ONOLDO-Brandenburgici Confiliarii Aulici & Archiatri Primarii, Antehac Vniverfitatis Altdorfinæ Senioris & Facultatis Medicæ Profeff. Publici, Academiæ Leopoldino-Carolino Cæfareæ Naturæ Curioforum Adjuncti, Heliodorus dicti.

ACTA
LABORATORII CHEMICI
ALTDORFINI,

Chemiæ fundamenta, operationes præcipuas
& tentamina curiofa, ratione & experientia
fuffulta, complectentia.

NORIMBERGÆ ET ALTDORFFII,
Apud Hæredes JOH. DAN. TAVBERI.

Di Giorgio ANNO MDCCXIX.

Titelblatt eines chemischen Laboratoriumbuches von Johann Moritz Hoffmann aus dem Jahre 1719

»Echter und falscher Stein der Weisen«, Illustration aus einem Werk über die Alchemie, Frankfurt und Leipzig, 1752

schnur für den Wissenschaftssammler gelten. Seit dieser Ausstellung und mit dem Erscheinen weiterer, auf moderne Wissenschaften spezialisierter Antiquariatskataloge hat der Handel mit den Arbeiten der großen Physiker, Chemiker, Biologen etc. einen bisher kaum für möglich gehaltenen Auftrieb erlebt. Für Laien sind die Preise, welche die äußerlich meist ganz unscheinbaren Separatdrucke erzielen, ziemlich unbegreiflich. So wird Einsteins 64seitiger Offprint (Erstausgabe) — aus den »Annalen der Physik« von 1916 — »Ueber die Grundlage der allgemeinen Relativitätstheorie« heute im Antiquariatshandel ungefähr gleichhoch bewertet wie die lateinische Erstausgabe von René Descartes' epochemachendem, 1644 in Amsterdam erschienenen »Specimia philosophiae: seu Dissertatio de methodo ...«, nämlich mit rund 2000 DM, was den wissenschaftshistorisch Interessierten vielleicht mit einer gewissen Genugtuung erfüllen mag.

Es dürfte einleuchten, daß das Sammeln derartiger Werke eine gewisse Vertrautheit mit dem Stoff voraussetzt und zwar in wesentlich höherem Maße, als dies für frühe Werke der Wissenschaften gilt. Während nämlich eine alte Euklid-Ausgabe auch den mathematisch weniger gebildeten Sammler ansprechen kann, wird dies für Schrödingers Aufsätze »Die Quantisierung als Eigenwert-Problem«, die zur berühmten Schrödinger-Gleichung geführt haben, kaum gelten. Wer sich auf dem betreffenden Gebiet auskennt, kann auch relativ einfach feststellen, ob ein bestimmter Aufsatz tatsächlich die erste Veröffentlichung zu einem Thema ist oder nicht. Darüber hinaus bietet sich ihm eher die Chance, zuweilen noch die eine oder andere wichtige Abhandlung günstig zu erstehen, wobei man sich allerdings keinen Illusionen hingeben sollte. Die meisten in dieser Hinsicht »erfolgversprechenden« Antiquariate wurden nämlich bereits vor mehreren Jahren von gewieften Bücherjägern gründlich durchkämmt, welche fast alles, was von Bedeutung war, zu Tiefstpreisen aufkauften. Daher sind viele Antiquare, die jene Werke, die sie einst so billig weggegeben hatten, nun für teure Preise in Spezialkatalogen wiederfinden, mittlerweile übersensibilisiert, und bewerten nun auch Schriften, die vom Sammlerstandpunkt aus tatsächlich wertlos sind, zu hoch!

Die eben geschilderte Entwicklung gilt praktisch für sämtliche Naturwissenschaften, einschließlich der Mathematik und vieler Bereiche der Technik; nur die Medizin läßt sich kaum in dieses Schema einpassen. Seit jeher waren nämlich viele Ärzte im Unterschied zu den meisten ihrer Wissenschaftskollegen sehr eifrige Büchersammler, so daß der Markt für altes medizinhistorisches Schrifttum schon seit jeher eine größere Bedeutung hatte, als etwa der für alte chemische oder physikalische Schriften. Allerdings sieht sich der Sammler medizinischer Literatur vor ein ähnliches Problem gestellt, wie der an rechtsgeschichtlicher Literatur Interessierte: Zu einer vollständigen »Medizinsammlung« gehört eine beträchtliche Zahl wichtiger Standardwerke, die ihrer Seltenheit wegen im allgemeinen sehr teuer sind, besonders wenn es sich

JOH. LEONHARD. FRISCH.

Beschreibung

Von allerley

INSECTEN

in Teutschland,

Nebst nützlichen Anmerckungen
Und nöthigen
Abbildungen
Von diesem Kriechenden und Fliegenden
Inländischen

Gewürme,

Zur Bestätigung und Fortsetzung
der gründlichen

Entdeckung,

So einige von der Natur dieser Creaturen heraus gegeben,
und zur Ergänzung und Verbesserung der andern.

Vierdter Theil.

Samt einer Nachricht in der Vorrede von Hr. Albini
Buch, so von dergleichen Materie, in Engelland
heraus gekommen.

BERLIN, verlegts Christoph Gottlieb NICOLAI, 1736.

*Titelblatt und Kupfertafel (siehe gegenüberliegende Abb.) aus einem mehrteiligen
Werk über Insekten von Johann Leonhard Frisch, Berlin, 1736*

um illustrierte Bücher handelt. Eines der wichtigen frühen medizinischen Werke, den von Oporinus im Jahre 1555 in Basel gedruckten Anatomie-Atlas des Andreas Vesalius, der in einer schönen Ausgabe kaum mehr unter 15 000 DM erhältlich ist, haben wir im Zusammenhang mit den illustrierten Büchern bereits erwähnt. Weitere für die Entwicklung der Medizin wichtige Bücher sind neben verschiedenen Kräuterbüchern zum Beispiel die Werke

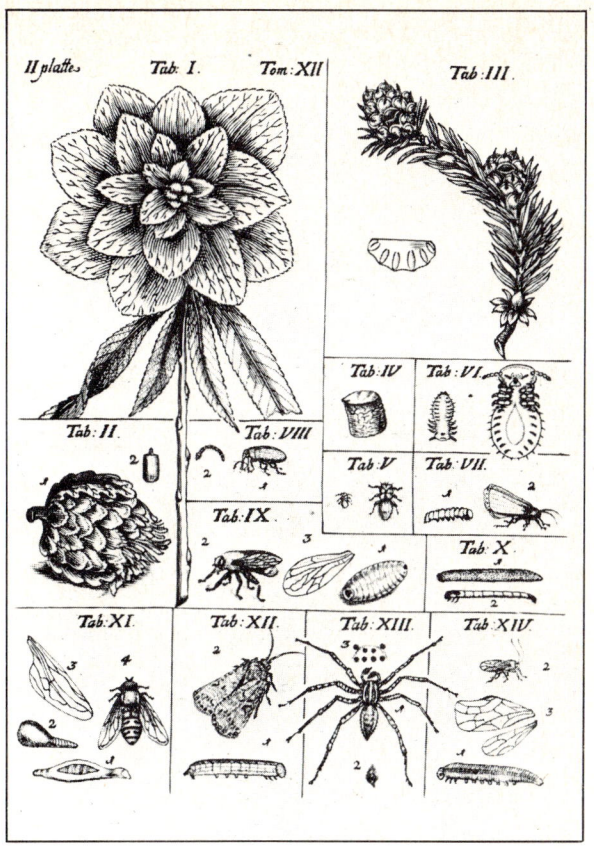

von Galenus und Hippokrates, zweier griechischer Ärzte in der Antike, die schon in frühen und teuren Ausgaben (von 1525 bzw. 1526) erschienen sind, jedoch unzählige Male neu aufgelegt wurden. Diese Sammlertradition verhinderte nun, daß auf dem Gebiet der alten Medizin eine ebensolche Preisunsicherheit für die Erstausgaben bedeutender neuerer Arbeiten herrschte, wie anfänglich in den übrigen Wissenschaften, was allerdings nicht bedeutet,

OPTICE:

SIVE DE
REFLEXIONIBUS, REFRACTIONIBUS,
INFLEXIONIBUS ET COLORIBUS
LUCIS,
LIBRI TRES.
AUCTORE
ISAACO NEWTON,
EQUITE AURATO.
Latine reddidit
SAMUEL CLARKE, S. T. P.
EDITIO NOVISSIMA.

LAUSANNÆ & GENEVÆ,
Sumpt. MARCI-MICHAELIS BOUSQUET & Sociorum.

MDCCXL.

Newtons »Optik« in einer gepflegten Ausgabe von M. M. Bousquet in Genf und Lausanne, 1740. Während die Erstausgaben solcher Werke sehr teuer sein können, sind solche späteren Ausgaben bereits recht preisgünstig erhältlich.

ELEMENTS
D'ASTRONOMIE.

Par Mr CASSINI, *Maître des Comptes,*
de l'Académie Royale des Sciences, & de la
Société Royale de Londres.

A PARIS,
DE L'IMPRIMERIE ROYALE.

M. DCCXL.

Titelblatt eines Astronomiebuches des berühmten Astronomen Cassini, aus der
»Imprimerie Royale«, Paris, 1740

Kupferstich aus dem »Essai sur l'Electricité des Corps« von Abbé Nollet, das Experiment von E. Leyde darstellend; Paris, 1754

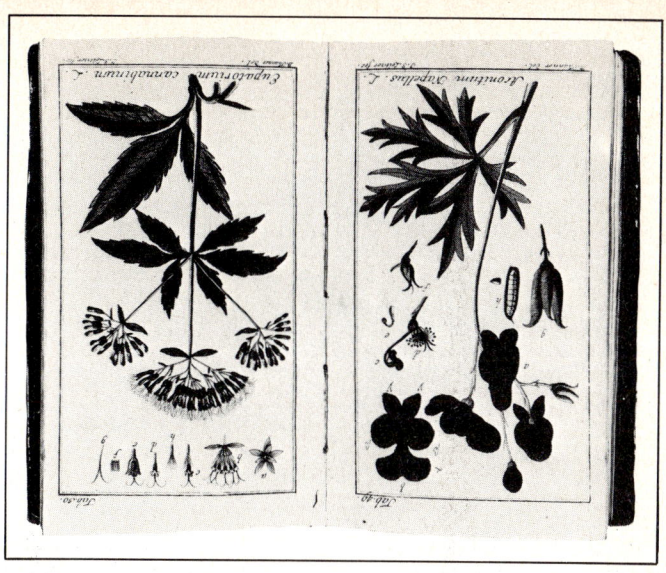

Kolorierte Pflanzenkupferstiche aus den mehrere hundert solche Abbildungen umfassenden »Icones Plantarum Medicinalium«, Nürnberg, 1779

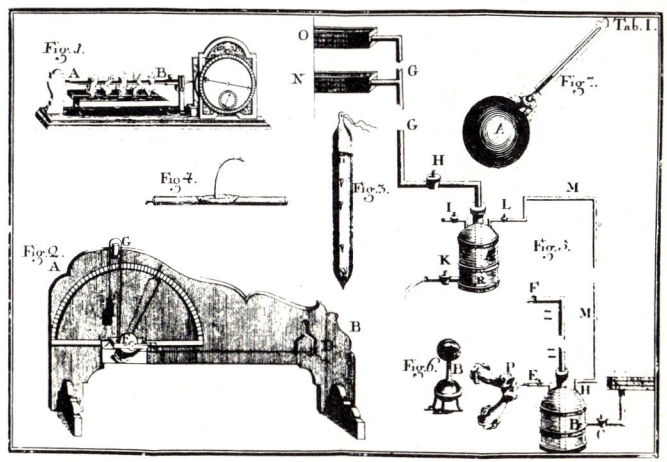

Kupferstichabbildung verschiedener Meß- und Experimentiergeräte aus der »Dissertatio de Igne« (= Dissertation über das Feuer, bzw. die Wärme) von Joseph Herbert, die 1773 in Wien erschien.

Darstellung einer Art Tauch- oder Schwimmanzug von M. de la Chapelle in seinem »Traité de la Construction du Scaphandre ou du Bateau de l'homme« aus dem Jahre 1775

Holzstichdarstellung des Flugapparates von Besnier in Louis Figuiers »Les Merveille de la Science« von 1867

THÉORIE

DES FONCTIONS ANALYTIQUES,

CONTENANT

LES PRINCIPES DU CALCUL DIFFÉRENTIEL,

DÉGAGÉS DE TOUTE CONSIDÉRATION

D'INFINIMENT PETITS OU D'ÉVANOUISSANS,

DE LIMITES OU DE FLUXIONS,

ET RÉDUITS

A L'ANALYSE ALGÉBRIQUE

DES QUANTITÉS FINIES;

Par J. L. LAGRANGE, de l'Institut national.

A PARIS,

DE L'IMPRIMERIE DE LA RÉPUBLIQUE.

Prairial an V.

Wichtiges mathematisches Werk des bedeutenden französischen Mathematikers Joseph Louis Lagrange in der Erstausgabe aus dem Revolutionsjahr V, also 1796

Fig. 336. — Etat normal.

III

Fig. 347. — Joie.

IV

Fig 338. — Extase.

Corbal, Gen et Fils, imp.

Fig. 339. — Haine.

Furne, Jouvet et Cie, édit.

Expressions diverses de la physionomie humaine resultant de l'application du courant electrique sur le trajet des muscles de la face.

85

»Verschiedene Gesichtsausdrücke des Menschen bei der Applikation von elektrischem Strom auf die Gesichtsmuskulatur« – Illustration aus Louis Figuiers populärem und heute sehr gesuchtem Werk »Les Merveilles de la Science« (= Die Wunder der Wissenschaft) aus dem Jahre 1867

Meßmethoden auf dem
Gebiete der Radioaktivität

Von

H. Geiger und W. Makower

Mit 61 Abbildungen

Braunschweig
Druck und Verlag von Friedr. Vieweg & Sohn
1920

*So unscheinbar sehen moderne wissenschaftliche Arbeiten aus,
die von Sammlern aber dennoch teuer bezahlt werden.*

WAS LEHRT UNS DIE
RADIOAKTIVITÄT ÜBER DIE
GESCHICHTE DER ERDE?

VON

PROFESSOR DR. O. HAHN

II. DIREKTOR DES KAISER-WILHELM-INSTITUTS
FÜR CHEMIE IN BERLIN-DAHLEM

MIT 3 ABBILDUNGEN

BERLIN
VERLAG VON JULIUS SPRINGER
1926

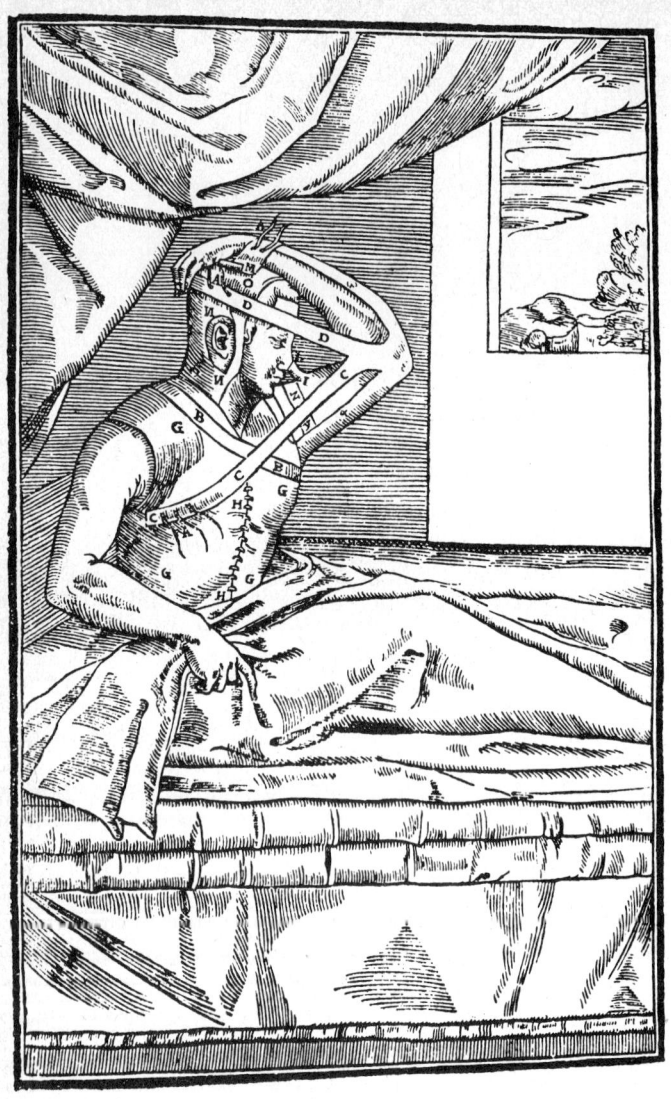

Holzschnitt aus einem medizinischen Werk von Gaspare Tagliacozzi, in dem erstmals über plastische Chirurgie geschrieben wird; Venedig, 1597

182

HIPPOCRATIS
Aphorismi
CVM COMMENTARIO PERPETVO.

Oder

Des fürtrefflichen Medici

HIPPOCRATIS

Lehr=Sätze,

in denen die Kennzeichen und Ursachen der wichtigsten
Kranckheiten, samt denjenigen, so in ihrer Genesung
hauptsächlich beobachtet werden müssen,

kurtz und nachdrücklich vorgestellet sind;

Durchgehends mit Anmerckungen

über einen jeden Aphor. erläutert,

herausgegeben

durch

IOH. TIMMIVM, Brem. M. D. & Pr

Nebst einer Vorrede

von

IOH. MAVRITIO AVERBACH, M. D. & Pr. Lipf.

wie auch nöthigem Register versehen.

Bremen und Leipzig,

bey Nathanael Saurmann, 1744.

Populäre Ausgabe der Lehrsätze des Hippokrates von 1744, die bis ins 19. Jahrhundert zu den Standardwerken der Medizin gehörten.

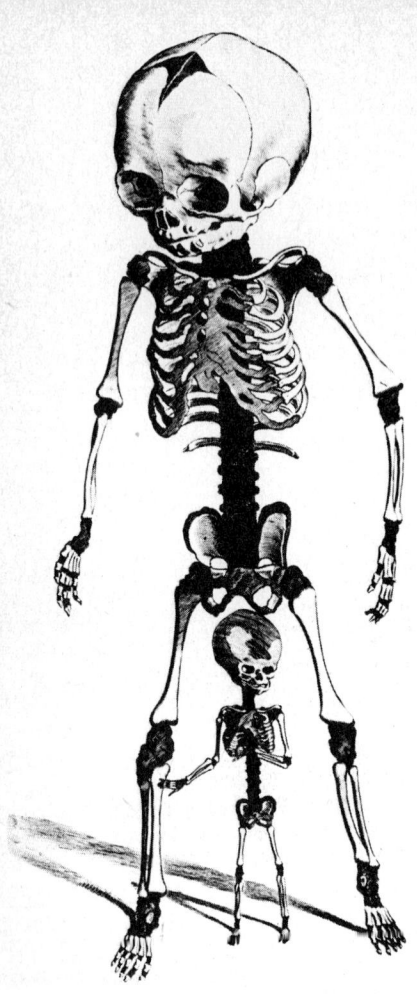

Anatomischer Kupferstich zur Entwicklung des menschlichen Foetus in dem »Spicilegium anatomicum« des Amsterdamer Arztes Theodor Kerckring, das in seiner Heimatstadt von Andreas Frisius 1770 gedruckt wurde.

Darstellung verschiedener Umschläge und Packungen aus dem populär- ▷ medizinischen Buch »Die neue Heilmethode« von M. Platen, die seit 1896 in vielen hunderttausend Exemplaren verbreitet wurde.

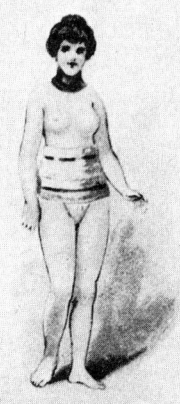

Leibumschlag mit
Wadenpackung.

Leibumschlag mit
Schulterpackung.

Kreuzpackung (T Binde)
und Halsumschlag.

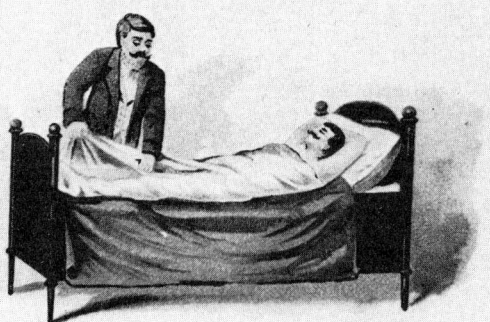

Dreiviertelpackung (offen).

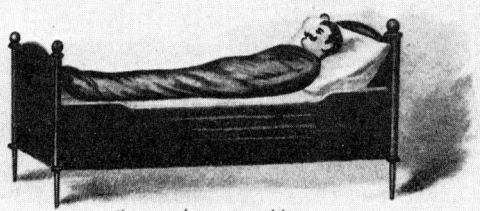

Ganzpackung (geschlossen).

daß sie billiger wären, kosten doch die epochemachenden Schriften Sigmund Freuds in Erstausgaben je nach ihrer Bedeutung und Seltenheit mehrere 100 DM, Robert Kochs erste gedruckte Nachricht über seine Entdeckung des Tuberkulose-Erregers bereits rund 2000 DM, während Willhelm Conrad Roentgens 1895/96 erschienene Mitteilungen »Über eine neue Art von Strahlen«, zusammen sogar über 10 000 DM wert sind.

Als charakteristisches Beispiel eines noch relativ jungen Sammelgebietes aus dem Bereich der Technik sei schließlich das Gebiet der Luft- und Raumfahrt angeführt, auf dem bereits heute ein, gemessen an dem geringen Alter des Sammelgebietes, recht hohes Preisniveau herrscht: Für Otto Lilienthals Schrift »Weshalb ist es so schwierig, das Fliegen zu erfinden« muß man meist über 1000 DM anlegen und für Hermann Oberths schon im Jahre 1923 (!) erschienenes, prophetisches Buch »Die Rakete zu den Planetenräumen« sogar rund 3000 DM. Dennoch finden sich noch zahlreiche interessante und weniger teure Schriften über die Aviatik und die Raumfahrt, die dem Neusammler den Einstieg in dieses faszinierende Sammelgebiet ermöglichen.

Buchwesen und weitere Sammelgebiete

Bereits im Abschnitt über die Hilfsmittel des Sammlers haben wir auf die Notwendigkeit hingewiesen, eine kleine Referenzbibliothek über das eigene Sammelgebiet anzulegen. Zu jeder der oben angeführten Hauptsammelrichtungen existieren entweder ausführliche Spezialbibliografien oder wenigstens thematische Kataloge der entsprechend spezialisierten Antiquariate, von denen einige wichtige im Anhang aufgeführt sind. Zumindest von den bedeutendsten dieser Bibliografien gibt es, meist teure, Reprints, also unveränderte Nachdrucke der letzten, vergriffenen Auflage, auf die der Sammler zurückgreifen kann. Neben diesen Hauptwerken gab es vor allem im 19. und im beginnenden 20. Jahrhundert eine Flut von zum Teil hervorragender buchkundlicher Literatur, die jedoch mittlerweile nicht mehr im Buchhandel erhältlich und damit weitgehend in Vergessenheit geraten ist. In erster Linie handelt es sich dabei um historische Werke über Buchdruckerei, Bucheinband, Buchschmuck, Papierkunde, Typografie sowie Lagerkataloge be-

CURIEUSES **und** REALES

Natur-Kunst-Berg-Gewerck-
und
Handlungs-
LEXICON,

Darinne nicht nur

die in der Physic, Medicin, Botanic, Chymie,
Anatomie, Chirurgie und Apothecker-Kunst, wie auch
in der Mathematic, Astronomie, Music, Mechanic, Bürgerlichen und
Kriegs-Bau-Kunst, Artillerie, Schiffahrten rc. Ferner bey den galanten
Ritterlichen Exercitien; bey Bergwercken, Jägerey, Forstwesen, Fischerey, Gärtnerey; wie
auch in der Kauffmannschafft, bey Buchhalten und in Wechsel-Sachen, bey Künstlern und Hand-
werckern gebräuchliche Termini technici oder Kunst-Wörter, nach Alphabetischer
Ordnung ausführlich beschrieben werden:

Sondern auch alle im Handel und Wandel, ingleichen
im Jure und vor Gerichten vorfallende, und aus allerhand Sprachen
genommene, unentbehrliche Wörter, den Gelehrten und Ungelehrten zu
sonderbarem Nutzen gründlich und deutlich erkläret, auch an vielen
Orten nützliche Realien mit eingemischet sind.
Alles dergestalt eingerichtet,

daß man dieses als den zweyten Theil
des Realen Staats-CONVERSATIONS-
und
Zeitungs-LEXICI

mit grossem Vortheile gebrauchen kan.
Neue Auflage mit allem Fleiß verbessert, und mit
etlichen hundert Artickeln vermehret.
Nebst einer ausführlichen Vorrede
Herrn Johann Hübners.

Mit Röm. Kayserl. auch Königl. Pohln. und Churfürstl. Sächs. Allergnädigsten
PRIVILEGIIS.

Verlegt von Johann Friedrich Gleditsch,
Anno 1741.

rühmter Antiquariate wie Morgand in Paris oder Olschki in Florenz. Schließlich kennen wir sogar noch frühere buchkundliche Werke, zum Beispiel alte Bücherkataloge, wie jene halbjährlichen Verzeichnisse, in denen der Augsburger Buchhändler Georg Willer schon seit 1564 laufend alle an der Frankfurter Buchmesse erhältlichen Bücher aufzählte, oder diverse Lehrbücher der Druckkunst, die ebenfalls schon im 16. Jahrhundert erschienen, und die an sich schon wieder ein eigenes, wenn auch schwieriges Sammelgebiet darstellen könnten. Während man nun eine im Reprint erschienene Bibliografie bloß bei seinem Buchhändler zu bestellen braucht, erfordert die Suche nach vergriffenen buchkundlichen Werken meist etwas Geduld und Ausdauer. Auf jeden Fall sollte man es als Büchersammler nie versäumen, in Antiquariaten und Katalogen die Abteilung »Buchwesen« (oft auch »Typografie« oder »Druckkunst«) sorgfältig durchzumustern. Auch wenn man dabei keines der gesuchten Werke findet, wird man doch oft durch die Entdeckung eines bisher unbekannten, den eigenen Sammlerhorizont erweiternden Buches belohnt!

Wer übrigens dringend auf ein bibliografisches oder buchkundliches Werk angewiesen ist, das weder im Original noch im Reprint aufzutreiben ist, kann sich notfalls damit behelfen, daß er das betreffende Werk in einer Bibliothek ausleiht und vollständig fotokopiert. Sofern dies ausschließlich für den privaten Gebrauch geschieht, dürfte es auch urheberrechtlich toleriert werden. Mit den vom Buchbinder zugeschnittenen und gebundenen Kopien hat man dann meist einen annehmbaren Ersatz für das gesuchte Werk, der in vielen Fällen nicht einmal viel teurer als die entsprechende — vergriffene — Reprintausgabe zu stehen kommt. Im folgenden nun führe ich in lockerer Reihenfolge und stichwortartig noch einige weitere typische alte und neue Sammelgebiete an, welche die Vielfalt der Bibliophilie vor Augen führen sollen:

- *Lexika* sind zwar kultur- und wissenschaftsgeschichtlich hochinteressant, in unserer Zeit der kleinen Wohnungen jedoch nicht sehr beliebt; abgesehen von den oft mit Kupferstichen versehenen teuren Werken der Enzyklopädisten des 18. Jahrhunderts ist hier auch das Preisniveau noch erträglich.

- *Wörterbücher* sind als Nachschlagewerke mit alten Lexika verwandt, inhaltlich aber weniger interessant. Als frühe typografische Denkmäler gehören lateinische und griechische Wörterbücher jedoch häufig zu den preisgünstigsten Beispielen für alte

ALFRED DELVAU

Dictionnaire

DE LA

LANGUE VERTE

NOUVELLE ÉDITION

Conforme à la dernière revue par l'Auteur

AUGMENTÉE D'UN

SUPPLÉMENT

PAR

GUSTAVE FUSTIER

PARIS

C. MARPON ET E. FLAMMARION, ÉDITEURS

1 A 9, GALERIE DE L'ODÉON ET RUE RACINE, 26

1883

Tous droits réservés

Wörterbuch der Gaunersprache bzw. des Rotwelschen von 1883

Drucke. Ebenfalls günstig zu erstehen sind neuere Fremdsprachenwörterbücher, während die inhaltlich interessanten alten Fachwörterbücher schon etwas teurer sind.

– *Bibeln* sind entweder fast unerschwinglich, wie zum Beispiel die frühen deutschen Bibeln vor 1500, oder vom bibliophilen Standpunkt aus eher uninteressant. Immerhin bestehen auch hier verschiedene Sammelrichtungen, wie mehrsprachige Bibeln, sogenannte »Polyglotten-Bibeln«, Bibeln in Dialekt- oder in Minderheitssprachen (z. B. Romanisch) und Bilderbibeln, die einen gewissen Reiz haben.

– *Musikalien* stellen ein sehr anspruchsvolles Sammelgebiet dar, das nur mit Vorbehalt unter die Bibliophilie zu rechnen ist. Musikantiquariate sind dementsprechend meist auf ihr Gebiet spezialisiert und arbeiten eher mit dem Autografenhandel als mit dem übrigen Antiquariatshandel zusammen.

– *Kinderbücher* bilden ein großes, bereits klassisches Sammelgebiet, für das sogar schon regelmäßige Spezialauktionen stattfinden. Mit dem Vorteil, nicht auf einige teure Standardwerke angewiesen zu sein, hat der Sammler hier größtmögliche Freiheit in der Gestaltung seiner Sammlung.

Titelblatt und Frontispizkupfer einer ansonsten auch mit kleinen Textholzschnitten geschmückten Bibel aus dem Jahre 1662

Gedanken

über die

verschiedenen Lehrarten in der
Komposition –

als Vorbereitung

zur Fugenkenntniß

von

J. P. KIRNBERGER

Canone a quatre voci

Wien
Im Verlag der k. k. priv. chemischen Druckerey am Graben.
N⁰ 944.

Titelblatt eines auch typographisch interessanten musikkundlichen Werkes, das aus der »Chemischen Druckerey aus Graben« von 1810 stammt, also lithographierte Noten enthält.

GENERALBASSLEHRE

in

Verbindung der Grundanfänge

des

Präludirens u. Modulirens,

für

Anfänger u. zum Selbstunterrichte, besonders
aber für Schullehrlinge u. Schulseminaristen
faßlich und gründlich bearbeitet

VON

GUALBERT WÄLDER.

*Charakteristisches
Titelblatt eines musi-
kalischen Werkes aus
der Mitte des
19. Jahrhunderts.*

– *Kochbücher* haben ebenfalls schon eine große Sammlerge-
meinde — ebenso wie die oenologische Literatur, also Bücher, die
sich mit dem Thema »Wein« befassen —, und sind in interessanten
frühen Ausgaben schon recht teuer. Die preisgünstigen Kochbücher des 19. Jahrhunderts können übrigens lehrreiche und
unterhaltsame kulturhistorische Perspektiven vermitteln.

– *Militaria* nennt man jene Literaturgattung, die in einem engen
Zusammenhang mit dem Militär- und Kriegswesen steht. Hierzu

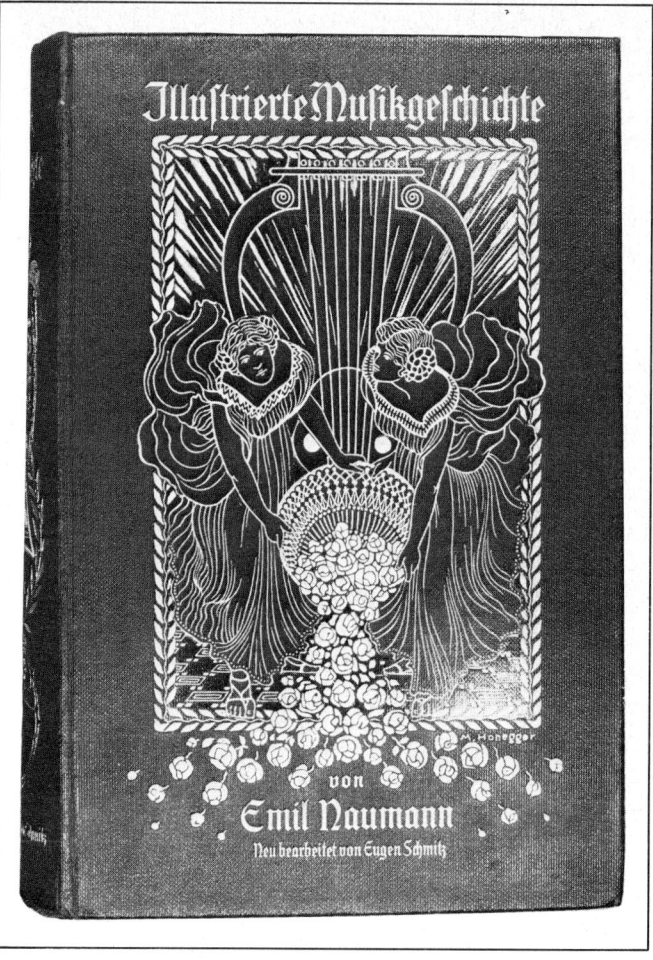

Üppiger Jugendstilschmuck von M. Honegger in Gold- und Mehrfarbenprägung auf einem musikgeschichtlichen Werk von 1908, wie es heute noch häufig zu finden ist.

gehören waffenkundliche Bücher ebenso wie Uniformen-Werke, Exerzierhandbücher, Strategie-Lehrbücher, und kriegsgeschichtliche Werke. Oft nicht separat geführt, sind sie in Antiquariatskatalogen unter der Rubrik »Geschichte« zu finden.

Frontispice du Tome Premier.

SALOMON a traité des plantes depuis le Cedre qui est sur le Liban jusqu'à l'Hissope qui sort de la muraille. Il a traité de même des animaux de la Terre, des oyseaux, des reptiles, et des poissons. 3.L. des Rois. 4. 33.

Gravé par De Mewe.

Frontispiz des ersten Bandes eines 9 Bände umfassenden, mit zahlreichen Kupferstichen versehenen Werkes mit dem Titel »Le Spectacle de la Nature« von Noel Pluche aus dem Jahre 1752, das sich an Kinder und Jugendliche richtete.

»Neue Bilder Galerie für junge Söhne und Töchter«, ein lehrreiches Bilderbuch aus dem Jahre 1794

– *Erotica*, also Literatur und Bildwerke erotischen Inhalts, werden in Antiquariatskatalogen häufig verschämt unter »Sittengeschichte« oder gar »Kulturgeschichte« geführt, wozu sie im weiteren Sinne ja auch gehören. Erotica stellen ein höchst unterhaltsames und seit langem beliebtes, jedoch leider auch entsprechend teures und karges Sammelgebiet dar, da sie, entsprechend dem häufigen Wandel der Moralvorstellungen immer wieder beschlagnahmt und vernichtet wurden. Wie in gewissen politischen Kampf- und Schmähschriften finden sich auch in ihnen zum Teil verschleiernde Druckortangaben wie »Preßburg«, womit jedoch in diesen Fällen nicht die tschechoslowakische Stadt Preßburg (Bratislava) gemeint ist, sondern eben jene »Burg«, in der die betreffende (verbotene) Druckerpresse gestanden hat.

195

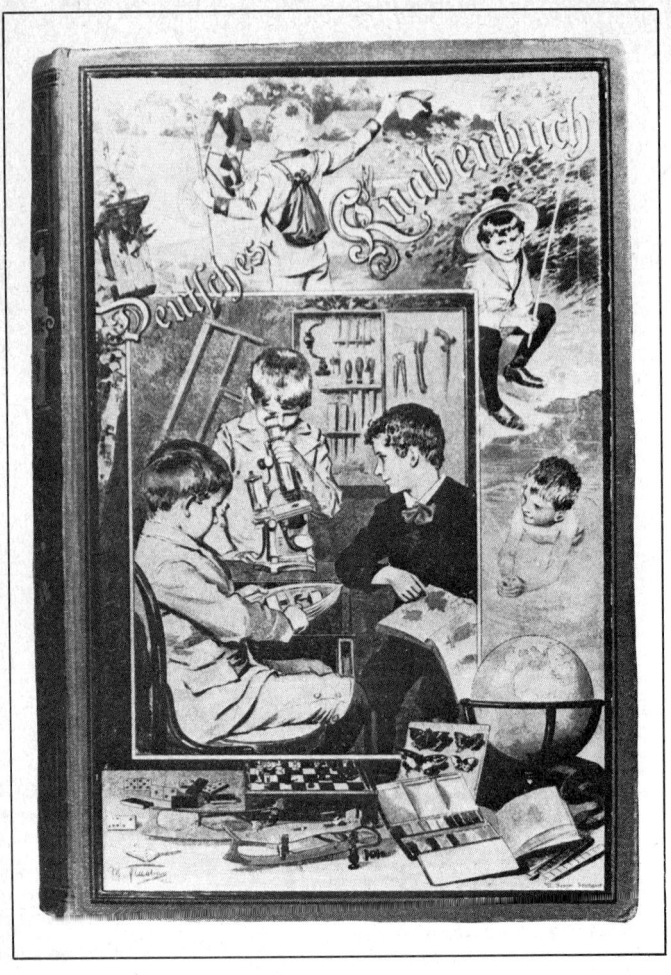

Jahrbücher für die Jugend wie dieses »Deutsche Knabenbuch« (um 1900) oder »Das neue Universum« stellen heute als vollständige Reihen begehrte Sammelstücke dar.

Heute oft noch ausgesprochen billig erhältliche Werke, wie diese Jugendbücher über technische und wissenschaftliche Experimente, können sowohl den Jugend- und Kinderbuchsammler als auch den Sammler technikgeschichtlicher Literatur interessieren.

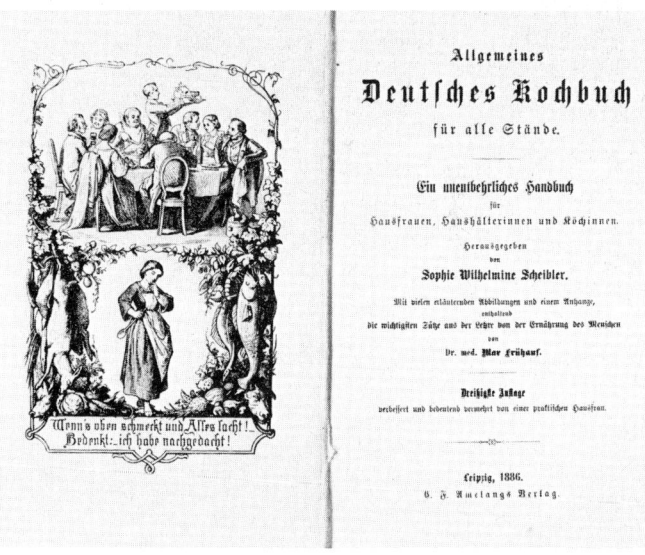

Auch Kochbücher aus dem 19. Jahrhundert wie dieses »Allgemeine Deutsche Kochbuch für alle Stände« von 1886 sind heute noch recht preiswert zu finden.

Um 1910 entstandenes kleines Schokoladenkochbuch der Firma Suchard in ungewöhnlichem Format, vermutlich seinerzeit ein Werbegeschenk.

Exerzierübungen aus den »Etudes Militaires« von Capitaine Bottee, erschienen in Paris, 1750

Holzschnittillustration aus dem 1553 von Wechsel in Paris gedruckten Werk des ▷ antiken Ingenieurs Vegetius »De re militari«, in dem unter anderem verschiedene Kriegsmaschinen beschrieben sind.

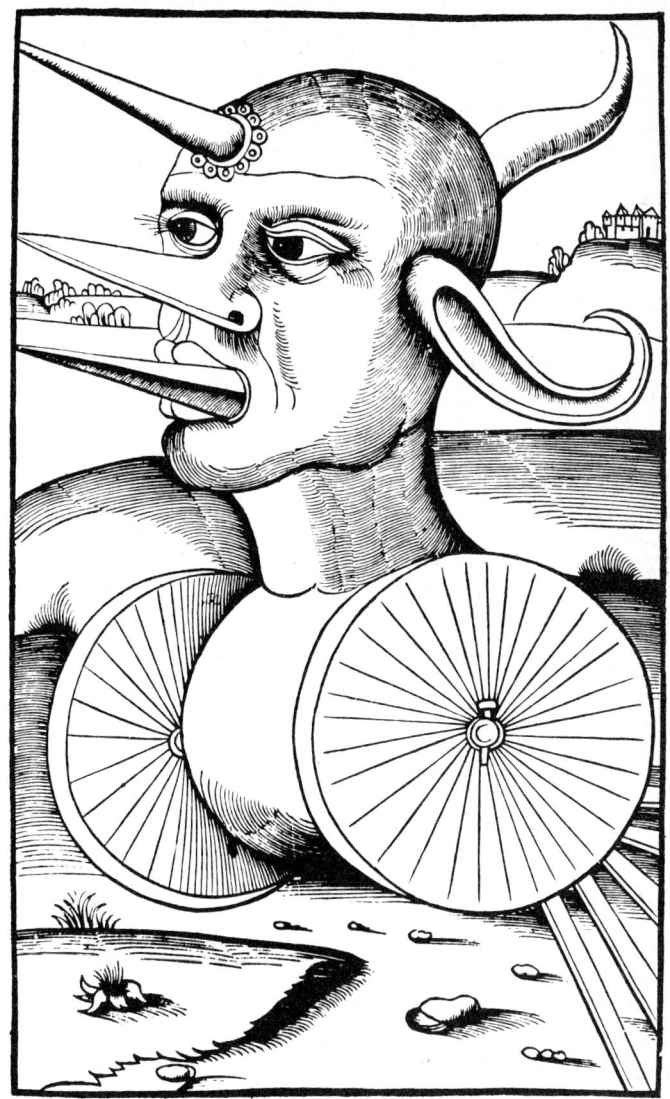

LUCIAN
VON SAMOSATA

DIE
HETÄREN
GESPRÄCHE

HYPERIONVERLAG BERLIN
EH

Der Berliner Hyperion Verlag gab eine ganze Reihe der wichtigsten Klassiker der erotischen Weltliteratur heraus, deren bibliophil gestaltete Bändchen heute sehr gesucht sind.

Holzschnittillustration von Franz Masereel zu Charles Louis Philippes Dirnenroman »Bübü vom Montparnasse«.

– *Kuriosa* umfassen meist alle keinem anderen Begriff unterzu-ordnenden Bücher, wie Wahrsagungen, sogenannte »Sibyllen-Büchlein«, Zauberbücher, okkulte Literatur, politische oder kirchliche Spott- und Schmähschriften, Bücher mit seltsamen Abbildungen wie Mißgeburten, Erfindungen oder Folterszenen, in manchen Fällen auch Erotica.
Derartige Bücher stehen im allgemeinen außerhalb normaler Bewertungskriterien und sind daher ausgesprochene Liebhaber-objekte. Wer Kuriosa als eigentliches Sammelgebiet wählt, braucht eine gute Spürnase und viel Geduld; er wird jedoch durch ein besonderes Sammelvergnügen dafür belohnt.

IO. VALENTINI MERBITZII,

PHILOS. ET ARTIVM MAG. IN ACAD. LIPS.
QVONDAM CELEBERRIMI,

ʃ. XVII 2:

BIGA COMMENTATIONVM
QVARVM VNA AGIT
DE
INFANTIBVS
SVPPOSITITIIS,

Von
Wechsel-Bälgen.

ALTERA
DE
NYMPHIS,

Von
Wasser-Nixen.

IENAE, REC. TYPIS RITTERIANIS, 1744.

Kuriose Abhandlung über Wechselbälge und Wassernixen aus dem Jahre 1744

Des Hochwürdigen Herrn
AUGUSTINI CALMET,
Abbtens des Gotteshauses Senonn in Lotharingen / Ord. S. Bened.

Gelehrte Verhandlung der Materi,
Von

Erscheinungen der Geistern,
Und denen

Vampiren in Ungarn, Mähren 2c.

Aus deren Anlaß auch darin von Zaubereyen und Hexereyen / von Besessenen
und Bezauberten, von denen alten heydnischen Oraculis, oder Götzen-Bescheiden, vom
Wahrsagen und Offenbaren verborgener oder künftigen Dingen, von Wirckungen und Blendungen des
Satans, von Erscheinungen so wohl Verstorbener, als auch noch Lebender, die andern weit ent-
fernten Menschen geschehen seynd 2c. gehandlet wird.

Französisch beschrieben, und in dieser Sprach zum zweytenmal aufgelegt
zu Einsidlen, Anno 1749.

Mit merckwürdigen Zusätzen, welche im Französischen nicht enthalten, sondern nach dessen
Übersetzung dem Übersetzer von dem Hochwürdigen Herrn Authore in zweymalen erst schriftlich
seynd übersandt worden, vermehrt.

Die Nutzbarkeit des Wercks, und die darbey gehabte Absicht des Herrn Authoris ist aus seiner hienach
stehenden Vorrede zu ersehen.

Erster Theil.
Ins Teutsche übersetzt durch einen Priester Ord. S. Ben.
Zweyte Auflage.
CUM APPROBATIONE SUPERIORUM.

AUGSPURG, verlegts Matthäus Rieger, Buchhändler, 1752.

Schrift des Theologen Augustin Calmet über Geistererscheinungen und Vampire in Ungarn, Mähren etc. von 1752

Aus einem Büchlein über »Amüsante Wissenschaft« von 1890

Weiſſagungen

der zwölf Sibyllen,

welche viel Wunderbares von der Geburt des
Heilandes und andern Verhängniſſen über
die Welt bis zu ihrem Ende enthalten,

Prophezeyung

der Königinn von Saba,

zukünftige Seltenheiten von den heiligen Brigitta,
Cyrillus, Joachim, Bruder Rheinhard,
Methodius ꝛc. vorgeſagt,

Zeugniß

des Juden und Geſchichtſchreibers Joſeph,

Ermahnung

eines heiligen Propheten, Anmerkungen über den
Antichriſten, Vorbothen des jüngſten Tages.

ZUG, gedruckt bey Joh. M. Aloys Blunſchi 1797.

Weissagungen und Orakel gehörten, wie heute Illustriertenhoroskope, zur Gelegenheitslektüre aller Schichten; hier ein »Sibyllenbüchlein« von 1797

Die wenigsten Sammler wissen schon zu Beginn ihrer Tätigkeit genau, auf welches Thema sie sich konzentrieren wollen; eine Spezialisierung bildet sich erst nach und nach heraus. Der Umstand, daß es in der Bibliophilie ebenso wie in der Malerei teurere und weniger teure Sammelrichtungen gibt, spielt dabei nur eine zweitrangige Rolle und wirkt sich eher auf das Sammeltempo und die Vollständigkeit einer Sammlung aus. Wer wirklich seinen Neigungen und Interessen entsprechend sammelt, wird schon nach kurzer Zeit genügend Fingerspitzengefühl und Wissen erworben haben, um nicht nur Qualität, sondern auch Preiswürdigkeit angebotener Sammelstücke richtig einschätzen zu können; mit der Zeit entwickeln manche Sammler geradezu einen sechsten Sinn für Trouvaillen.

Der Antiquariatshandel

Was für den Sammler bildender Kunst die Galerie, ist für den Bücherliebhaber das Antiquariat. Die strenge Trennung in Antiquariats- und Sortimentsbuchhandel hat in früheren Zeiten nicht bestanden, und noch heute führt mancher Sortimentsbuchhändler nebenher ein Antiquariat.

Aus der Geschichte des Buchhandels möchte ich hier nur einige Stichpunkte festhalten. Schon lange vor Gutenberg florierte der Handel mit Büchern. Wie wir wissen, bestanden zum Beispiel in Paris oder Florenz »Abschreibeunternehmen«, die zeitweise bis zu 100 Schreiber beschäftigten, und entsprechend rege war natürlich auch der Handel mit solchen Handschriften, der sich in erster Linie an den verschiedenen Messen in den Handelszentren Europas wie Paris, Lyon oder Venedig abwickelte.

In der Frühzeit des Buchdrucks existierte noch kein unabhängiger Buchhandel im heutigen Sinne. Damals war man ja Drucker, Verleger, Buchhändler, manchmal auch noch Verfasser in einer Person. Der Handel mit gedruckten Büchern erfolgte an den halbjährlichen Messen, zu welchen sich die Buchdrucker oder ihre Angestellten einfanden und wohin auch die Gelehrten aus der ganzen Welt reisten, um sich mit Büchern einzudecken. Schon zu Ende des 15. Jahrhunderts, als Großunternehmer wie Anton Koberger ihre umfangreiche Tätigkeit aufnahmen, dürfte eine Arbeitsteilung eingetreten sein, indem sich ein Teil der Angestellten ausschließlich mit dem Vertrieb der gedruckten Bücher befaßte.

Zu jener Zeit wurde der Preis eines Buches aus der Anzahl seiner Bögen errechnet (1 Pfennig pro Bogen). Da sich bald ein reger Tauschhandel an der Messe entwickelte, war es für den Drucker oder seine Beauftragten praktisch und zudem weniger gefährlich, statt mit den unhandlichen Büchern und Bargeld an die Marktplätze zu fahren (man kannte damals fast nur das große Folio-Format), lediglich die gefalzten, aber noch unaufgeschnittenen bedruckten Bögen mit sich zu führen, die in Fässern transportiert wurden.

Im 16. Jahrhundert treten die ersten Verleger, die Druckaufträge austeilen, auf den Plan, und gegen Ende des 16. Jahrhunderts etablieren sich dann die großen, im Frühjahr und Herbst stattfindenden Buchmessen. Zur Messe in Frankfurt erschien seit 1564 der schon erwähnte Katalog des Buchhändlers Georg Willer, der ab 1598 von Amts wegen geführt wurde und bis 1750 bestand. Die Konkurrenzmesse in Leipzig, zu der seit 1594 ebenfalls ein solcher Messekatalog erschien, wurde mit der Zeit immer bedeutender und als immer mehr deutschsprachige statt lateinischer Bücher gedruckt wurden, verlor Frankfurt seine Stellung als internationaler Handelsplatz.

Auch die ersten ganzjährig geöffneten Buchhandlungen begannen im ausgehenden 16. Jahrhundert mit ihrer Tätigkeit, die sich ursprünglich aus der »Verwaltung« der an den Messen unverkauften Bücher, die der Drucker nicht wieder heimtransportieren wollte, entwickelt hatte. Natürlich fanden auch in den übrigen Handelszentren Europas ähnliche Buchmessen wie in Frankfurt oder Leipzig statt.

Erst im Verlauf des 17. Jahrhunderts ging man dazu über, den Buchautoren ein Honorar zu zahlen, so daß sich der Preis eines Buches fortan nicht mehr alleine aus den Herstellungskosten ergab. Bis dahin war es nämlich verpönt gewesen, für geistige Arbeit Lohn zu fordern; die Verfasser ließen sich statt dessen manchmal durch Geschenke entschädigen, die sie für die ihren Werken vorangestellten Widmungen an berühmte Persönlichkeiten von diesen erhielten.

Der eigentliche Buch- und Antiquariatshandel, wie wir ihn heute kennen, entstand erst im 18. Jahrhundert, z. B. in Paris. 1744 nahm in London das von Samuel Baker gegründete und später von John Sotheby weitergeführte Buchauktionshaus seine Tätigkeit auf. Gerade aus dem bibliophilen Frankreich kennen wir viele Beispiele für die Freundschaften zwischen Sammlern und ihren Händlern. Oft waren aber auch Sammler und Händler ein und dieselbe Person: Die heute fast ausgestorbene Erscheinung des sogenannten »Marchand Amateur« oder »Gentleman dealer«, der im wesentlichen Sammler war, gelegentlich aber auch Handel trieb, bildete sich damals heraus.

Im Zuge der Ausbreitung der Privilegien und der Bekämpfung des blühenden Raubdruckunwesens, schlossen sich die Buchhändler im 19. Jahrhundert ebenso wie die Verleger zu jenen Vereinigungen zusammen, die das Gesicht des modernen Buchhandels prägen.

1. Der moderne Antiquariatshandel und seine Organisation

Inzwischen hatten sich allerdings Sortimentsbuchhändler und Antiquariatsbuchhändler immer weiter voneinander entfernt. So ergab sich für den Antiquariatshandel die Notwendigkeit, nationale Antiquarenverbände zu gründen, die weltweit unter dem hübschen Motto »Amor librorum nos unit« (= Die Liebe zu den Büchern eint uns) in der »Ligue internationale de la Librarie ancienne« zusammengeschlossen sind. Dieser internationale Buchantiquariatsverband gibt ein für den reisenden Sammler äußerst wertvolles Adreßbuch heraus, in welchem sämtliche dem jeweiligen Landesverband angeschlossene Antiquariate mit Angaben ihrer Spezialgebiete verzeichnet sind.

Der Antiquariatsverband führt alle zwei Jahre in einer anderen Stadt seinen internationalen Kongreß mit anschließender Antiquariatsmesse durch. Einige Landesverbände organisieren ebenfalls regelmäßige Verkaufsausstellungen, wie die jeweils Ende Januar unter der Leitung des Verbandes deutscher Antiquare e. V. in Stuttgart stattfindende Antiquariatsmesse. Diese Veranstaltungen bieten nicht nur die Möglichkeit, neue Antiquare und ihre Spezialgebiete kennenzulernen, sondern auch einen guten Überblick über das jeweils aktuelle Angebot im Antiquariatshandel. Wer sich leicht verführen läßt, sei jedoch gewarnt: So viele begehrenswerte Stücke, wie an einer solchen Messe, findet man sonst nirgendwo beisammen. Allerdings kann die Behauptung, Messekäufe seien stets teurer, nicht Allgemeingültigkeit beanspruchen; im Gegenteil, besonders gegen Ende einer solchen Veranstaltung läßt mancher Händler lieber mit sich über den Preis reden, als daß er ein Buch wieder zurücktransportiert . . .

2. Wie und wo kauft man alte Bücher?

Der Antiquariatsbuchhandel wird oft mit dem Kunst- und Antiquitätenhandel in einem Atemzug genannt, und manches Kunstauktionshaus befaßt sich ja auch mit der Versteigerung alter Bücher: dennoch hat der Antiquariatshandel auch viele Züge mit dem philatelistischen und numismatischen Handel gemein, indem Bücher wie Briefmarken oder Münzen häufig per Lagerkatalog gehandelt bzw. bestellt werden. Wir wollen uns nun den verschiedenen Möglichkeiten, alte Bücher zu erwerben, zuwenden.

Der Kauf im Antiquariat

Am einfachsten und sichersten, und daher dem beginnenden Sammler am ehesten zu empfehlen, ist der Kauf in einem seriösen Buchantiquariat, wo man ein angebotenes Werk begutachten und selbstverständlich auch den Antiquar um Rat und Auskunft fragen kann. Wie erstrebenswert ein gutes Verhältnis zu einem oder mehreren Antiquariatsbuchhändlern für den Sammler ist, haben wir ja bereits erwähnt. Über eines sollte man sich allerdings im klaren sein: Auch Antiquare haben ihre Zeit nicht gestohlen und müssen etwas verkaufen; zudem gehören sie häufig noch zu jenem Menschenschlag, der im ersten Augenblick verschlossen, ja sogar mürrisch wirken kann, und der erst nach einer gewissen Zeit auftaut und zugänglicher wird. Besonders heikel ist in diesem Zusammenhang die Frage, welche Buchhändler das von vielen Sammlern geradezu als Sport betriebene Feilschen um den Preis vertragen und welche dies eher übelnehmen, da sie es als Ausdruck des Zweifels an der Seriosität ihrer Preisgestaltung betrachten — hier bewahrt einen nur das eigene Taktgefühl vor Fehlern. Wer im übrigen Wert darauf legt, daß sein Buchhändler eine Rarität zuerst ihm, und nicht einem anderen Kunden anbietet, sollte es mit dem Herabhandeln von Preisen auf keinen Fall übertreiben.

Ansonsten bietet der Antiquariatskauf, zumindest zu Hause keine Probleme, und ein Buch, das sich erst nach dem Kaufe als mangelhaft erweist, wird vom seriösen Händler in der Regel anstandslos zurückgenommen. Als eine Art Dienstleistung betreiben die meisten dieser Antiquare ferner einen »Suchdienst«, dem man seine gewünschten Titel angeben kann. Dabei sollte man sich allerdings mit Geduld wappnen; sofern ein Titel überhaupt gefunden wird, dauert dies meistens einige Zeit.

Abzuraten ist dagegen in der Regel vom Kauf alter Bücher in einem Antiquitätengeschäft, das nur gelegentlich einige »Dekorationsbücher« führt; meist handelt es sich dabei um unvollständige alte Bibeln oder Einzelbände eines größeren Werkes, die zudem fast immer viel zu hoch bewertet werden. Etwas anderes ist es natürlich, wenn ein Antiquitätenhändler regelmäßig ein Bücherangebot führt, und entsprechend bewandert ist.

Viele größere Antiquariate geben halbjährlich oder häufiger einen Lagerkatalog heraus, der Interessenten auf Wunsch kosten-

Schaufenster eines international tätigen renommierten Antiquariates, das vor allem einen umfangreichen Kataloghandel betreibt und in dem fast jedes Buch schon eine kleine Kostbarkeit darstellt.

los zugesandt wird. Hier kann man das Angebot allerdings nicht selbst begutachten, denn Ansichtssendungen werden normalerweise nicht oder erst nach Auslieferung aller anderen Katalogbestellungen versandt. Eine Rücknahme bestellter Bücher setzt im allgemeinen tatsächliche, in der Katalogbeschreibung verschwiegene Mängel voraus. Dafür hat man jedoch die Möglichkeit, in den Katalogen jener Antiquariate, die das eigene Spezialgebiet pflegen, am ehesten bestimmte gesuchte Werke zu finden.

Auch der Kauf nach Katalog ist weitgehend unproblematisch, sofern man die von Abkürzungen strotzenden Bücherbeschreibungen richtig versteht und sich entsprechend ein Bild von dem beschriebenen Titel machen kann. Der Interessierte sei auf den neunsprachigen, von der internationalen Vereinigung des Antiquariatshandels herausgegebenen »Dictionnaire de la Librarie ancienne« verwiesen.

Schaufenster eines Antiquariates, wie man es in Universitätsquartieren oft antrifft; hier sollte der Sammler hauptsächlich Geduld und Zeit zum Stöbern mitbringen. Auch in den vorgehängten »Bücherkisten« sind hier sogar noch echte Funde möglich.

Der Kauf auf Auktionen

Der Auktionshandel gehört zu den ältesten Handelsformen für alte Bücher und bietet dem Sammler gute, oft einzigartige Gelegenheiten zum Erwerb bestimmter Werke. Allerdings sollte man hier auf seinem Sammelgebiet schon etwas erfahren sein, da man beim Beurteilen der im Katalog meist nur knapp beschriebenen, jedoch vor der Versteigerung zur Besichtigung ausgestellten Bücher fast immer auf sich allein angewiesen ist. Ein besonderes Vertrauen zu dem betreffenden Auktionshaus ist natürlich dann erforderlich, wenn man weder der Vorbesichtigung noch der Auktion selbst beiwohnen kann und dem Auktionator einen schriftlichen Ersteigerungsauftrag auf ein bestimmtes Werk gibt, von dem man lediglich die Katalogbeschreibungen kennt. Meist werden die »Gefahren« des Auktionsverkaufes von Laien jedoch stark überschätzt; dem Fortgeschrittenen kann er jedenfalls bedenkenlos empfohlen werden, so lange er sich an renommierte und gut beleumdete Auktionsfirmen hält. Der Glaube, auf einer Auktion stets billiger als im Buchhandel zu kaufen, ist allerdings nicht gerechtfertigt. Dies gilt nur, wenn man als Privatkäufer ausschließlich in Bieterkonkurrenz mit Händlern steht, die auf eigene Rechnung kaufen. Dabei bleibt immer noch zu berücksichtigen, daß das Aufgeld von 10 bis 20 % des Zuschlagspreises, das man dem Auktionator für ein ersteigertes Objekt zahlen muß, für Händler oft tiefer liegt als für Private. Bietet man jedoch gegen einen anderen Sammler, so können in der Hitze des Gefechtes durchaus Zuschlagspreise erzielt werden, die weit über dem mutmaßlichen Ladenpreis liegen. Eines der wichtigsten Motive, bei Auktionen zu steigern, besteht aber auch in dem einzigartigen »Einkaufserlebnis«, das durch Auktionen vermittelt wird, und dem Gefühl, ein Stück regelrecht »erobert« und nicht einfach nur »gekauft« zu haben.

Der Kauf auf Flohmärkten, bei Trödlern, aus Nachlässen und von Privat

Als qualitätsbewußter Sammler wird man beim Fachmann auf die Dauer sicher am besten bedient sein. Dennoch mag man zuweilen auch auf Flohmärkten oder bei Trödlern etwas Interessantes finden; hier lasse man sich jedoch nie von der ersten Begeisterung hinreißen, sondern prüfe das betreffende Werk sorgfältig auf seine Vollständigkeit und seinen Zustand. Der heimliche Wunsch nach einer großartigen Entdeckung und die Angst, eine einmalige Gelegenheit zu verpassen, sind hier schlechte Ratgeber.

Auch der Kauf von Privatleuten erfordert eine genaue Prüfung des Angebotes. In manchen Fällen handelt es sich nämlich um Bücher, die von einem Händler oder Auktionshaus bereits abgelehnt wurden. Vorsicht ist dementsprechend vor allem bei Inseraten mit dem Zusatz »nur an Privat« o. ä. geboten. Selbst wenn jedoch das Angebot an sich in Ordnung ist, haben viele private Verkäufer mangels Vergleichsmöglichkeiten verzerrte Wertvorstellungen und rechnen mit unsinnig hohen Preisen.

Zwei wichtige Quellen des Antiquariates selbst, die gelegentlich auch dem Sammler offenstehen, sind hier noch anzuführen: Nachlaßliquidationen und Bibliotheksverkäufe.

Um bei Nachlaßliquidationen tatsächlich das eine oder andere interessante Buch zu ergattern, muß man nicht nur früh aufstehen, sondern auch dazu in der Lage sein, das Angebot schnell, aber dennoch gründlich durchzumustern. Entscheidungsfreudigkeit und rasches, aber sicheres Urteil sind für diese Art Kauf erforderlich. In vielen Fällen findet man jedoch in nachgelassenen Bibliotheken schon deshalb nichts mehr, weil ein mit dem Liquidator befreundeter Buchhändler bereits am Vorabend die Rosinen aus dem Kuchen gepickt hat. Für den Privatkäufer sind da die Chancen schon günstiger, auf »Wohltätigkeitsflohmärkten« oder »Basaren« in kleineren Gemeinden etwas zu finden; manchmal treten hier tatsächlich unauffällige kleine Kostbarkeiten, vor allem aus dem 19. und 20. Jahrhundert zutage.

Eine andere, allerdings ebenfalls nicht zu überschätzende Gelegenheit bietet sich dem Sammler, wenn er gute Beziehungen zum Leiter einer Bibliothek, beispielsweise eines Hochschulinstitutes unterhält. Bibliotheken müssen nämlich immer wieder Raum schaffen für ihre Neueingänge, wozu in der Regel die veralteten, wissenschaftlich nicht mehr brauchbaren Werke eliminiert und zum Kaufe angeboten werden. Allerdings besteht hierbei meist die Auflage, sämtliche aussortierten Bücher en bloc zu übernehmen, was für die wenigsten Privaten sinnvoll ist, zumal sich unter diesen ja nur selten ein vom bibliophilen Standpunkt aus lohnendes Buch befindet. Gelegentlich finden derartige Bibliotheks-Räumungsverkäufe, zum Beispiel in einigen Universitätsstädten der USA, öffentlich statt.

Der Kauf im Ausland

Wer sich beruflich oder ferienhalber häufig in fremden Städten aufhält, wird sich — als zünftiger Büchersammler natürlich mit einem der erwähnten Antiquariatsregister ausgerüstet — früher oder später auf die Suche nach den dortigen Antiquariaten machen und zu stöbern beginnen. Hierzu verlocken natürlich ganz besonders jene kleinen Bücherbuden in Mailand, die Bouquinisten in Paris oder der Bücherflohmarkt in Madrid, die in keinem dieser Verzeichnisse zu finden sind. Wer sich etwas auskennt und ein Buch richtig einzuschätzen weiß, läuft nicht einmal Gefahr, auf die Nase zu fallen, wenn er hier ebenso vorsichtig vorgeht wie bei einem Kauf am heimischen Flohmarkt; schließlich sind Bücher weitgehend fälschungssicher. Besonders in so bibliophilen Ländern wie Frankreich, Großbritannien oder Italien lohnt sich diese Suche oft, und zwar nicht nur der momentan günstigen Wechselkurse wegen, sondern auch deshalb, weil in diesen Ländern viel weniger Bücher durch den 2. Weltkrieg zerstört wurden als in Deutschland. Immerhin sollte man wissen, daß es überall bücherreiche und bücherarme Gegenden gibt. Dies ist nicht nur historisch, sondern auch klimatisch bedingt. In der trockenen, warmen Luft im Landesinneren Spaniens zum Beispiel bleibt Papier eben eher über Jahrhunderte unversehrt erhalten, als in den feuchten Küstengebieten der Bretagne oder Italiens, wo sie schneller verrotten oder dem Pilzfraß zum Opfer fallen können.

Eine weitere Möglichkeit besteht darin, sich die Kataloge der entsprechenden ausländischen Antiquariate zusenden zu lassen. Selbst wenn es etwas länger dauert, bis man ein Buch in Händen hält, kann sich der Kauf sogar in Übersee lohnen. Es ist z. B. durchaus möglich, daß ein New Yorker Antiquariat in einem Katalog über deutsche Bücher gewisse bei uns begehrte Werke, wie die schon erwähnte Sittengeschichte von Eduard Fuchs, zur Hälfte oder einem Drittel des hierzulande üblichen Preises anbietet. Allerdings hat der Kauf im Ausland auch seine Tücken, dann nämlich, wenn man seine Schätze außer Landes bringen will. Einige Länder kennen sehr strenge Bestimmungen über die Ausfuhr nationalen Kulturgutes (im Anhang sind die Ein- und Ausfuhrbestimmungen der für den Bibliophilen wichtigsten Länder zusammengestellt). Wenn man Glück hatte, und der Zoll einen nach der Prüfung durch einen »Experten« mit den gekauften Büchern endlich ziehen läßt, hat man im besten Falle nur ein paar Stunden verloren. Wesentlich unangenehmer kann sich die Unkenntnis oder

Nichtbefolgung der einschlägigen Bestimmungen in den Ländern des Ostblocks auswirken, wobei kaum jemand ganz genau weiß, wie man bei der Ausfuhr antiquarischer Bücher, zum Beispiel aus der DDR, korrekt vorzugehen hat. Die dem Autor von einem Buchhändler empfohlene vernünftigste Methode besteht darin, sich die gekauften Bücher selbst nach Hause zu schicken oder schicken zu lassen — natürlich mit privatem Absender; der Postversand bleibt nämlich selbst in Frankreich und Italien von entsprechenden Kontrollen und Schikanen weitgehend verschont.

3. Der Verkauf und Tausch von alten Büchern

Fast jeder Sammler kommt früher oder später in die Situation, ein Werk aus seinen Beständen verkaufen oder gegen ein anderes tauschen zu wollen. Der normale Weg führt dann zum Buchhändler, der für ein altes Buch in der Regel rund die Hälfte bis Zweidrittel seines späteren Wiederverkaufspreises zahlen wird. Wesentlich günstiger ist es im allgemeinen, ein Buch gegen ein anderes zu tauschen bzw. in Zahlung zu geben. Wer lieber etwas länger wartet, kann das zu verkaufende Buch auch dem Buchhändler »in Kommission« geben, wobei normalerweise nur 10 bis 20 % des Verkaufspreises als Provision an den Händler zu zahlen sind; manche Buchhändler verlangen im Einzelfall auch gar nichts für eine solche Gefälligkeit.

Ein weiterer Weg ist die Versteigerung der betreffenden Bücher durch ein Auktionshaus. Dafür sucht man sich zuerst eine seriöse Auktionsfirma; dann überlegt man sich genau, welchen Minimalpreis man für jedes einzelne Werk (nicht etwa für alle zusammen) haben will, und bringt die Bücher zum Auktionshaus. Dort werden die »eingelieferten« Bücher vom Auktionsexperten, oft dem Auktionator selbst, begutachtet, dann wird ein Schätzpreis, auch Taxe genannt, für die einzelnen Bücher festgelegt, zu welchem sie nach Meinung des Experten bei der Versteigerung verkauft werden. Im Normalfall sollten diese Schätzpreise über den oben erwähnten Minimalpreisen liegen. Um sich nun dagegen abzusichern, daß eines der betreffenden Bücher, mangels Interesse im Saal, einem Bieter für einen viel zu niedrigen Preis zugeschlagen wird, vereinbart man mit dem Auktionator in einem Versteigerungs- oder Auktionsvertrag einen Tiefstpreis, unterhalb dessen das betreffende Objekt nicht verkauft werden darf. Dieser sogenannte »Limit-Preis« setzt sich dabei sinnvollerweise aus dem »Minimalpreis«, den man für sich selbst festgelegt hat, und der im Falle des Zuschlags zu zahlenden Versteigerungsprovision zusammen. Bei der Festlegung dieses Limit-Preises sollte man nach Möglichkeit auf seinen Vorstellungen beharren. Der Versteigerer, dessen Risiko, das betreffende Stück zwar katalogisiert und bearbeitet, jedoch nicht verkauft zu haben, ja mit dem Limit-Preis abnimmt, ist verständlicherweise bestrebt, diesen möglichst tief anzusetzen. Wenn das Buch dann aber trotz seines hohen Schätzpreises eben doch zu dem zu tief angesetzten Limitpreis verkauft wird, ist die Enttäuschung groß!

Zusammenfassend läßt sich kaum angeben, welche Verkaufsform — über den Antiquar oder durch das Auktionshaus — die günstigere ist. Dies hängt stets vom jeweiligen Fall ab. Glaubt man zum Beispiel, daß das Publikumsinteresse am betreffenden Stück sehr groß ist, kann man den Auktionsverkauf ruhig wagen. Der Verkauf durch einen Antiquar ist vor allem dann vorzuziehen, wenn man ein Tauschgeschäft machen will. Zudem benötigt ein Auktionsverkauf zu seiner Abwicklung in der Regel mehr Zeit als der direkte Verkauf an den Händler, wobei immerhin darauf hingewiesen sei, daß viele Auktionshäuser auf das Einlieferungsgut einen Vorschuß zu zahlen bereit sind.

Als letzte, bisher nicht erwähnte Möglichkeit kann der Sammler durch die Vermittlung der bibliophilen Gesellschaft, der er angehören sollte, mit anderen Sammlern in Verbindung treten und direkt mit diesen einen Tausch oder Verkauf abzuschließen versuchen — was allerdings oft ein beträchtliches Händlertalent erfordert, sind doch manche Büchersammler mit allen Wassern gewaschen.

Aufbewahrung, Pflege und Instandsetzung alter Bücher

Wir haben bereits an früherer Stelle auf die zuweilen verblüffend frische Erhaltung alter Drucke und Inkunabeln hingewiesen, die zu einem wesentlichen Teil auf die ausgezeichnete Qualität der damals verwendeten Materialien, besonders des Papiers, zurückzuführen ist. Für einen solch guten Zustand alter Bücher sind jedoch in ebenso hohem Maß auch die richtige Aufbewahrung und schonende Behandlung verantwortlich. Man bedenke, daß selbst 400 Jahre sorgsamsten Umganges ein Buch nicht vor dem Untergang schützen können, wenn es auch nur ein Jahr falsch gelagert wird und dadurch etwa Schädlingsfraß zum Opfer fällt. Die Pflege und die Bewahrung alter Bücher vor dem Untergang gehört daher zu den vornehmsten Pflichten jedes Bibliophilen und Sammlers.

1. Wie man Bücher aufbewahrt

Im folgenden sollen nicht jene Systeme der Aufbewahrung alter Schriften in klimatisierter Atmosphäre besprochen werden, die von wichtigen Bibliotheken eingehalten werden, deren Verwirklichung für den durchschnittlichen Büchersammler aber weder erschwinglich noch erforderlich sind. Mit wenigen Vorsichtsmaßnahmen und etwas Aufmerksamkeit lassen sich nämlich in fast jedem Raum Bedingungen schaffen, die das »Wohlbefinden« unserer Kostbarkeiten gewährleisten.

Im Normalfall werden Bücher in einem Regal oder Schrank aufbewahrt. Schon hier gibt es einiges zu beachten: Die Regalbretter sollten nicht rauh sein, damit die unteren Stehkanten der Einbände nicht beschädigt werden. Auch die Innenflächen der Seitenbretter, mit denen die Bücher in Berührung kommen, sollten weder rauh noch abfärbend sein. Ferner dürfen die Regalbretter nicht zu dicht übereinander folgen, sondern sollten einen bequemen Zugriff zu den einzelnen Bänden ermöglichen. Eine der häufigsten Beschädigungsformen, meist am oberen Teil des Bücherrückens, rührt daher, daß über den einzelnen Bänden zuwenig Raum gelassen

Charakteristische Schäden am Buchrücken, hervorgerufen durch unsorgfältiges Herausnehmen der Bücher aus einem zu flachen Regalfach.

wurde, um sie bequem aus dem Regal zu nehmen; besonders ungünstig wirkt sich dies natürlich dann aus, wenn die Bücher auch nebeneinander zu dicht einsortiert bzw. eingezwängt wurden, was eine Unsitte darstellt, die jedoch im Zusammenhang mit einem Hauptfeind der schonenden und übersichtlichen Bücheraufbewahrung, nämlich der Raumnot, leider häufig anzutreffen ist.

Wer seine Schätze in Regalen oder Schränken aus Naturholz aufbewahren möchte, sollte sich vergewissern, daß in deren Holz keine Schädlinge wie Holzwurm oder Pilze hausen. Im Zweifelsfall fragt man seinen Drogisten nach einem geeigneten Sprühmittel zur Säuberung und Desinfektion des Holzes. Daß Bücher nie direkt in Kontakt mit frisch imprägniertem, noch nicht wieder völlig trockenem Holz gebracht werden dürfen, ist wohl selbstverständlich. Wesentlich geringer ist die Schädlingsgefahr übrigens bei den heute vielverwendeten plastikbeschichteten Spanplatten, die allerdings wiederum den Nachteil haben können, daß sie das auf lange Sicht möglicherweise schädliche Formaldehyd abgeben.

Für Haustierhalter ist es wichtig, die Bücher vor den Krallen der Katze oder den Zähnen des Hundes zu schützen. Hier hilft keine Erziehung, sondern nur ein Wegschließen der Sammlung, entweder in einen Bücherschrank oder in einen eigenen Raum. Ein schweinslederner Einband, den ein kulturbeflissener Hund statt seines Knochens zwischen den Zähnen hatte, ist ebensowenig wiederzuerkennen, wie ein vergoldeter Maroquin-Einband, an dessen Rücken eine Katze ihre Krallen gewetzt hat.

Das richtige Klima

Papier, vor allem aber Leder und Pergament sind organische Materialien, die empfindlich auf Temperatur und Luftfeuchtigkeit reagieren. Das günstigste Klima für alte Bücher ist die sogenannte »Museumsluft«, also eine Temperatur von 10° bis 15° C bei nur 20 bis 50 % relativer Luftfeuchtigkeit. Wer einen separaten Raum zur Aufbewahrung seiner Bücher hat, tut also gut daran, dort die Zentralheizung auszuschalten; zu hohe Temperaturen fördern nicht nur den Schädlingsbefall, sondern auch das Austrocknen der Bücher. Problematischer ist die Einhaltung der richtigen relativen Luftfeuchtigkeit. Eine zu hohe Luftfeuchtigkeit, womöglich mit hoher Temperatur gekoppelt, fördert das Wachstum der verschiedenen Schädlinge und Bakterien, während ein kühles und feuchtes »Gruftklima« die berüchtigte Schimmelbildung begünstigt. Zu trockene Luft dagegen schadet kaum, solange die Temperatur tief bleibt. Warme und trockene Bedingungen können jedoch zur allzu starken Austrocknung von Einbänden und Papier führen, so daß diese brüchig und extrem empfindlich für Beschädigungen werden. Wer hier mit bescheidenen Mitteln optimale Bedingungen schaffen will, sollte sich ein kombiniertes Thermometer/Hygrometer (Feuchtigkeitsmesser) sowie einen ausreichend großen Luftbefeuchter besorgen (zur Not genügen auch die althergebrachten Wasserbehälter, die man an die Heizkörper hängt bzw. auf sie stellt). Durch sorgfältige Regulierung der Heizung und des Befeuchters sollte man möglichst konstante Bedingungen zwischen 12° und 20° C (je nach dem, ob der Raum bewohnt wird oder nicht) und 40 bis 60 % relativer Luftfeuchtigkeit schaffen, wobei dieses Konstanthalten nicht so tierisch ernst zu nehmen ist, daß man nicht einmal mehr ein Fenster öffnen darf. Diese wenigen Maßnahmen kommen übrigens nicht nur den Büchern, sondern fast allen anderen Antiquitäten, Bildern, Kunstgegenständen und nicht zuletzt auch den Bewohnern zugute. Ein anderes Problem stellen Staub und Schmutz dar, insbesondere die aus Verkehrs- und Industrieabgasen stammenden aggressiven Luftverunreinigungen wie Schwefeldioxyd, das zusammen mit der Luftfeuchtigkeit schweflige Säure bilden kann. Einen gewissen Schutz besonders wertvoller Bücher bieten hier verschließbare Bücherschränke, die allerdings lediglich vor Staub und nur in beschränktem Maß vor Gasen schützen. Bücher-Schränke mit Glastüren bewahren unsere kostbarsten Bücher zudem nicht nur vor unvorsichtigem Zugriff, sondern darüber hinaus vor unerwünschter, bleichender und zersetzender Lichtstrahlung, da der UV-Anteil des Lichtes, auf den die meisten dieser Schädigungen zurückzuführen sind, schon von gewöhnlichem Glas kaum mehr durchgelassen wird.

Bücherpflege — Bücherschutz

Außer dem gelegentlichen, vorsichtigen Abstauben brauchen Bücher kaum Pflege; vor allem gesundes, also nicht von Schädlingen befallenes Papier erweist sich als außerordentlich »pflegeleicht«. Wer unbedingt etwas für seine Kostbarkeiten tun möchte, kann hie und da die ledernen oder pergamentenen Einbände zum Beispiel mit »Bücherbalsam« einreiben, einer besonderen Wachssuspension, die man entweder durch seinen Antiquar oder einen Buchbinder beziehen kann. Andere Lederpflegemittel sind zu diesem Zwecke oft ungeeignet, da sie möglicherweise die Vergoldungen angreifen.

Besonders wertvolle oder gefährdete Werke werden gerne durch einen Umschlag geschützt, wobei aber von Umschlägen aus gewöhnlichem, durchsichtigem Kunststoff (Polyaethylen) abzuraten ist, da dieser fast immer Weichmacherspuren abgibt, die auf lange Sicht schaden können; wenn schon, sollten solche Schutzumschläge aus besonderem, säurefreiem Pergaminpapier, das auch für Negativtaschen in der Fotografie Verwendung findet, angefertigt werden. Empfehlenswerter ist es allerdings, sich vom Buchbinder aus Karton einen passenden stabilen Schuber oder gar eine Buchkassette für das betreffende Werk herstellen zu lassen, was nicht nur schöner aussieht, sondern zudem seinen Zweck besser erfüllt.

Ein ausgesprochen unangenehmes Thema stellt für jeden Sammler der Schutz seiner Schätze vor Diebstahl dar. Wir können uns an dieser Stelle natürlich nicht mit den Möglichkeiten der Objektsicherung durch Alarmanlagen, Tresore etc. befassen. Doch jedem Sammler, auch dann, wenn er selbst seine Sammlung noch nicht für so bedeutend hält, ist zu raten, sich durch die zuständigen Polizeistellen über die wichtigsten vorbeugenden Methoden der Diebstahlsicherung zu informieren; oft sind es ganz unscheinbare Maßnahmen, die die Sicherheit in erheblichem Maße verbessern, wie gewölbte Schloßrosetten gegen das Abwürgen von Zylinderschlössern usw.

Dasselbe gilt auch für die Vorbeugung gegen Brandschäden: Ein kleiner Zimmerbrand, ausgelöst zum Beispiel durch Funkenflug aus einem Kaminfeuer oder durch einen »Flambier-Unfall«, muß nicht tragisch enden; ihm oder dem Löschwasser können jedoch die kostbarsten Bücher zum Opfer fallen, während sich der Staub aus einem CO_2-Löscher (der in jede Bibliothek gehört) wieder restlos entfernen läßt, wenn auch mit etwas Mühe.

Ansonsten kann man sich gegen Diebstahl und Verlust zwar nicht völlig schützen, aber wenigstens gut versichern. Eine weitere, im Falle des Diebstahls sehr wirkungsvolle Hilfe zur Wiederbeschaffung des gestohlenen Gutes stellt eine sorgfältige Katalogisierung und Beschreibung jedes einzelnen Buches dar; wurde etwas gestohlen, können dann die einschlägigen Antiquariate entsprechend gewarnt werden, sofern die Kartei oder der Sammlungskatalog nicht gleich mitgestohlen wurden. Weniger zu empfehlen ist die Anbringung unlöschbarer »Exlibris« bzw. Eigentümerkennzeichen auf mehreren Textseiten eines Buches, zum Beispiel mit Hilfe von Stempeln, wie dies von manchen Universitätsbibliotheken praktiziert wird. Diskreter und dem Buche weniger abträglich, ist das neuerdings von verschiedenen Polizeiorganisationen empfohlene Kennzeichnen durch eine polizeilich registrierte Eigentümernummer mit unsichtbarer, nur unter besonderen Lampen (UV) erkennbarer Tinte.

2. Die Katalogisierung einer Sammlung

Nicht nur aus den oben angeführten Gründen ist das Katalogisieren einer Büchersammlung so wichtig, sondern auch, um den Vorrat an Büchern ganz erschließen und ausschöpfen zu können. Das Problem ist nun nicht in der Katalogisierung selbst begründet — diese ist zumindest für kleinere Sammlungen sehr einfach zu bewerkstelligen — sondern darin, daß die meisten Sammler die Notwendigkeit dieser Katalogisierung nicht einsehen, solange ihre Sammlung noch klein ist. Wenn diese jedoch auf einige 100 oder gar

1000 Bände angewachsen ist, und man möglicherweise ein bestimmtes Werk zum zweiten Male gekauft hat, da man sich nicht mehr an sein Vorhandensein erinnern konnte, erkennt man die Unentbehrlichkeit des Kataloges. Dann jedoch bedeutet die Katalogisierung der Sammlung schon ein ansehnliches Stück Arbeit, die man mit großer Wahrscheinlichkeit noch weiter vor sich herschieben wird. Beginnt man jedoch schon ganz zu Anfang seiner Sammeltätigkeit mit der sorgfältigen und konsequenten Registrierung jedes neuerworbenen Buches, wächst der Katalog nahezu unmerklich mit der Sammlung selbst und kann als wertvolles Hilfsmittel des Sammlers seine vielseitigen Zwecke erfüllen.

Es gibt im wesentlichen drei verschiedene Katalogformen: Den nach Autorennamen und Sachtiteln geordneten »alphabetischen Katalog«, den »Schlagwort-Katalog«, in welchem die Bücher nach ihrem Inhalt geordnet sind und schließlich den »Standort-Katalog«, welcher die Bücher in der Reihenfolge enthält, in der sie in den Regalen stehen. Da die Erstellung eines sinnvollen Schlagwortregisters zu Beginn einer Sammlung kaum möglich ist und andererseits die Reihenfolge der Bücher in den Regalen in fast jeder Sammlerbibliothek während ihres Wachstums wechselt, kommt für unsere Zwecke eigentlich nur ein erweiterter alphabetischer Katalog in Frage, in welchen ergänzend Standortangaben aufgenommen werden können. Praktisch geht man bei der Erstellung eines solchen Kataloges so vor, daß man zu jedem vorhandenen Buch ein oder mehrere Kärtchen anlegt, je nach dem, ob das betreffende Werk nur unter dem Namen seines Autors bzw. Herausgebers, oder auch unter seinem Sachtitel auffindbar sein soll. Als weitere Einträge, für die jeweils eine neue Karte auszufüllen ist, bieten sich der Name des Druckers oder Verlegers an. Bequemlichkeitshalber kann man für jeden Eintrag denselben Kartentext verwenden, wobei man dann jeweils das betreffende »Ordnungswort«, unter welchem die betreffende Karte alphabetisch einzuordnen ist, unterstreicht. Eine derartige Karteikarte trägt in der obersten Zeile, der sogenannten Kopfzeile, Namen und Vornamen des Autors, bei anonymen Werken statt dessen das wichtigste Titelwort. Darauf folgen eine genaue Titelangabe, ferner Drucker oder Verleger, Druckort und Druckjahr, Art der Auflage, sowie weitere bibliografisch wichtige Angaben wie Abmessungen, Seitenzahl und Abbildungszahl. Aber auch Kaufdatum, Kaufort und Preis sowie eine auf die eigene Bibliothek bezogene Standortangabe können notiert werden.

Wesentlich übersichtlicher wird ein solcher Katalog dadurch, daß man das jeweilige Ordnungswort nicht einfach unterstreicht, sondern statt des Autorennamens in die Kopfzeile der Karteikarte setzt. Dies erfordert allerdings, daß man für jeden Eintrag eines Werkes eine neue, von den übrigen etwas verschiedene Karteikarte schreibt, während man im anderen Falle lediglich eine Karteikarte mehrfach zu kopieren braucht. Schließlich werden die Kärtchen in eine alphabetische Reihenfolge der Ordnungswörter in einem der üblichen Karteikästen, wie man sie zusammen mit den passenden Karteikarten im Bürobedarfshandel erhält, gelagert. Als Beispiel für die Katalogisierung eines Titels werde ich nun zeigen, wie die verschiedenen Kärtchen für ein 1926 von dem Chemiker Otto Hahn veröffentlichtes Büchlein mit dem Titel »Was lehrt uns die Radioaktivität über die Geschichte der Erde?« aussehen könnten, wenn es unter dem Namen des Autors sowie dem Ordnungswort »Radioaktivität« aufgenommen werden soll:

Hahn Otto

Was lehrt uns die Radioaktivität über die Geschichte der Erde?
von Prof. Dr. O. Hahn
mit 3 Abb.; IV, 2, 64 pp, 8vo
Verlag von Julius Springer, Berlin, 1926
Erstausgabe

Kauf: 1975; Interlibrum, Kat. 263—264; 325,— Fr.

und

Hahn Otto

Was lehrt uns die Radioaktivität über die Geschichte der Erde?
von Prof. Dr. O. Hahn
mit 3 Abb.; IV, 2, 64 pp, 8vo
Verlag von Julius Springer, Berlin, 1926
Erstausgabe

Kauf: 1975; Interlibrum, Kat. 263—264; 325,— Fr.

bzw. besser:

Radioaktivität

Was lehrt uns die Radioaktivität über die Geschichte der Erde?
von Prof. Dr. O. Hahn
mit 3 Abb.; IV, 2, 64 pp, 8vo
Verlag von Julius Springer, Berlin, 1926
Erstausgabe

Kauf: 1975; Interlibrum, Kat. 263—264; 325,— Fr.

Die Zahlenangaben IV, 2, 64 pp beziehen sich auf die Seitenzahlen
der Einleitung (IV), des Inhaltsverzeichnisses (2) und des Textes
(64 pp, mit »p« oder »pp« für paginae = Seiten), während »8vo« als
Formatangabe »Octavo« bedeutet. Wer nun seine Bücher selbst
bibliografisch bearbeitet, findet meist schon nach kurzer Zeit so viel
über ein bestimmtes Werk und seinen Autor heraus, daß die entsprechenden Angaben auch auf der Rückseite einer größeren
Karteikarte kaum mehr Platz finden. Für diese Fälle hat sich die
Anlage eines Ordners bewährt, in dem man neben einer Fotokopie
des Titelblattes und weiterer wichtiger Seiten alle Informationen
aufbewahrt, die man im Zusammenhang mit dem betreffenden
Buche, seinem Autor, seiner Entstehung, möglichen Vorbesitzern
etc. herausfinden konnte. So langweilig und mühselig sich dieses
bibliografische Erfassen eines Werkes auch anhören mag — das Er-
stellen einer derartigen privaten »Detailbibliografie« und die entsprechende Sucharbeit entwickeln sich oft zu einem spannenden
und lehrreichen Detektivspiel, in dessen Verlauf man ein ganz
neues Verhältnis zu seinen Büchern gewinnt.

3. Schädlinge an alten Büchern und ihre Bekämpfung

Papier, Pergament und Leder sind als Zellulose, bzw. eiweißhaltige
Materialien geradezu prädestiniert, verschiedenen Lebewesen als
Nahrung zu dienen. Von den Insekten ist der bekannteste
Schädling der Bücherwurm oder Bücherbohrer (Ptilinus pectini-
cornis), der als Larve und als ausgewachsenes Tier Bücher und
Holzgegenstände befällt, die bekannten Löcher und Gänge frißt

Wurmfraß an einem Einband des 16. Jahrhunderts.

und darin Papier- bzw. Holzmehl hinterläßt. Aber auch Bakterien und Pilze, vor allem verschiedene Schimmelpilze, können den Büchern gefährlich werden. Die von Insekten verursachten Schäden sind zwar auffälliger, der Bakterien- oder Pilzbefall ist jedoch mindestens ebenso tückisch, zumal er häufig zu spät erkannt

Die schwarzen Flecken auf diesem Pergamenteinband weisen auf Schimmelbefall hin.

wird. Ob man beim Kauf eines Bandes noch einige lebende Holz-
würmer miterworben hat, ist daran erkennbar, daß aus den Wurm-
löchern nach einiger Zeit immer wieder neues Papiermehl heraus-
geklopft werden kann. Ein Buch, das auf dem Pergamenteinband
(Leder wird wegen seiner schützenden Gerbung selten befallen)
oder im Papier verdächtige Flecken, Verfärbungen oder Uneben-
heiten aufweist, die sich mit der Zeit verändern, ist wahrscheinlich

von Pilzen oder Bakterien befallen. Solche Bücher sollte man nicht selbst zu behandeln versuchen; das Risiko eines unvollständigen Erfolges oder gar einer Beschädigung ist bei unsachgemäßer Anwendung handelsüblicher Präparate, wie sie zum Beispiel zur Bekämpfung ähnlicher Schädlinge an Holzgegenständen dienen, zu groß. Man kennt heute zuverlässige, schonende und billige Methoden, um dieser Gefahr Herr zu werden, wie die intensive Begasung der befallenen Gegenstände mit Blausäuregas, Methylbromid oder ähnlichen Giftgasen. Diese Gasbehandlung wird am besten in vakuumfesten Spezialkammern ausgeführt. Damit das Giftgas schnell überall eindringen kann, pumpt man den mit Büchern gefüllten Behandlungsraum zuerst einmal fast luftleer, um dann das Gas einströmen und eine Zeitlang wirken zu lassen. Da die verwendeten Gase zum Teil sehr gefährlich sind, darf dieses Verfahren nur von ausgebildeten Fachleuten durchgeführt werden, denen man seine »Patienten« für eine Weile anvertrauen muß. Meist kann das nächstgelegene größere Museum, in dem hölzerne Kunstgegenstände, Textilien, Bücher etc. gesammelt werden, Auskunft geben, an wen man sich wegen einer solchen Behandlung wenden sollte. Oft helfen auch Spezialfirmen weiter, die im Telefonbuch unter »Schädlingsbekämpfung« zu finden sind. Hat man sich einmal zu einem solchen Schritt entschlossen, sollte man lieber ein Objekt zuviel als zuwenig, am besten gleich die ganze Sammlung behandeln lassen; ein einziges befallenes Buch, dem man im Anfangsstadium ja noch nichts anzusehen braucht, kann nämlich später die bereits behandelten Bücher neu anstecken, so daß die ganze Mühe umsonst war.

Die wichtigste Vorbeugungsmaßnahme gegen neuerlichen Schädlingsbefall, nämlich ein richtiges Klima, haben wir im Zusammenhang mit der Aufbewahrung alter Bücher bereits besprochen; anzufügen wäre hier höchstens noch, daß ein versehentlich feucht gewordenes Buch, das damit besonders anfällig gegen die nahezu allgegenwärtigen Pilzsporen und Bakterien ist, am besten möglichst rasch an einem nicht zu warmen und vor allem gut gelüfteten Ort — natürlich getrennt von den anderen Büchern — liegengelassen wird, bis es vollständig trocken ist.

4. Instandsetzung und Restaurierung
alter Bücher

Hat ein altes Buch nun unter Schädlingsfraß, Haustieren, Kinderhänden oder einfach unter dem Zahn der Zeit gelitten, erhebt sich die Frage nach einer Wiederherstellung des früheren Aussehens oder wenigstens nach einer Konservierung des augenblicklichen Zustandes. Wertvollere Werke sollte man hierzu selbst dann, wenn man eine recht geschickte Hand besitzt, einem Buchbinder überlassen, der sich auf die Behandlung alter Bücher versteht und dessen Adresse man entweder von seinem Antiquar oder durch seinen bibliophilen Verein erfährt. Allerdings sind geschickte Bücherrestauratoren bei uns so rar, daß manche Sammler ihre Bücher lieber ins Ausland bringen, zum Beispiel nach Paris, wo einige der bekanntesten Bücherrestauratoren arbeiten. In den meisten Fällen ist die fachgerechte Instandsetzung eines alten Buches mühevoll und entsprechend teuer, ganz zu schweigen von den teils mehrmonatigen Wartezeiten, die man in Kauf nehmen muß. Es ist daher verständlich, daß ein handwerklich geschickter Sammler, zumindest bei seinen weniger wertvollen Büchern, versuchen möchte, einfachere Reparaturen selbst auszuführen. Fachmännisch ausgeführt erfordert dies nicht nur viel Fingerspitzengefühl und Geduld, sondern auch einige buchbinderische Grundkenntnisse. Der interessierte Sammler sei auf die beiden im Anhang aufgeführten Bücher hingewiesen.

Neben dieser »korrekten« Vorgehensweise besteht jedoch auch noch die Möglichkeit der provisorischen Reparatur stark beschädigter Werke mit behelfsmäßigen Methoden, die zwar jedem zünftigen Restaurator den Magen umdrehen würden, dafür jedoch in relativ kurzer Zeit und mit vertretbarem Aufwand ein einigermaßen befriedigendes Resultat liefern. Da manche dieser »Methoden« jedoch irreparable Veränderungen und Schäden verursachen könnten, sollten sie tatsächlich nur in solchen Fällen angewandt werden, wo der geringe Wert und der Zustand eines Buches eine fachmännische Reparatur nicht rechtfertigen. Man kann sich natürlich auch einen Sport daraus machen, beim Buchhändler oder Buchbinder »Buchruinen« aufzuspüren, die dieser billigst verkauft oder gar verschenkt, etwa ein zwar inhaltlich vollständiges, aber auch in intaktem Zustand nicht übermäßig teures Werk, dessen Buchblock bis auf die Bünde in mehrere Teile gebrochen ist und dessen Einband vollständig fehlt (1.).

Provisorische Einbandreparaturen nach der im Text beschriebenen Methode: Links vollständig neuer Einband, rechts neuer Rücken mit wiederverwendeten Rückenschildchen.

Hier geht man so vor (siehe auch Abb. auf Seite 231): Die verschiedenen Teile des gebrochenen Buchblockes werden in der richtigen Reihenfolge aufeinandergelegt und an ihrem Rücken von anhaftenden losen Einbandresten gesäubert. Sodann bestreicht man den Buchblockrücken, den man mit einer Schraubenzwinge zwischen zwei Bretter gespannt oder einfach zwischen mehrere schwere Bücher gelegt hat, gründlich mit weißem Kunstharzleim und klebt darauf nach kurzer Antrocknungszeit ein kräftiges, dickes Leinentuch. Dieses (z. B. eine alte Serviette) hat man zuvor auf die Höhe des Buchblockes zurechtgeschnitten, wobei man seitlich je 10 cm überstehen läßt (2., 3.). Nun legt man das ganze zum Trocknen auf die Seite. Wer auch hier das für alle Reparaturen und Restaurierungsarbeiten geltende Gebot der größtmöglichen Reversibilität befolgen will, besorge sich in einem Geschäft für Buchbindereibedarf einen säurefreien Klebstoff, z. B. Stärkekleister in Pulverform zum Selbstansatz, der über Wasserdampf wieder lösbar ist. In derartigen Geschäften sind übrigens auch Materialien wie Buchbinderleinwand, kräftiges Vorsatzpapier und weitere Hilfsmittel, die ein fachmännischeres Arbeiten ermöglichen, erhältlich.

Inzwischen schneidet man sich aus kräftigem Karton die beiden Einbanddeckel zurecht, die geringfügig größer als der Buchblock sein sollten. Diese werden dann auf die seitlich überstehenden Leinenstreifen geklebt (4.). Dann besorgt man sich bei einem Schuster noch einen Rest nicht zu weichen Leders, schneidet dieses zu und klebt es über die beiden Buchdeckel und den Rücken, wobei das Leder überall gleichmäßig etwas überstehen sollte. Nach einigen Einschnitten am Rücken kann es um die Deckel herumgeschlagen werden, was an den Ecken etwas Geschick erfordert; unter Umständen sind diese etwas abzuschrägen (5.). Die noch am Buchrücken oben und unten vorstehenden Lederzungen faltet man sodann nach innen und schiebt sie unter den Lederrücken (6.). Zum Schluß beklebt man die Deckelinnenseiten mit einem passenden Vorsatzpapier, das man ruhig ein paar Millimeter über die erste Seite des Buchblockes hinüberziehen sollte (7.). Damit ist unser »Noteinband« fertig. Wer will, kann noch dem Leder mit Hilfe von Lederfarben eine passende Farbe oder Patina verleihen, mit Vergoldefolie und alten Vergoldestempeln, wie man sie gelegentlich von Buchbindern oder in Fachgeschäften kaufen kann, ein paar Verzierungen anbringen oder gar ein beschriftetes Rückenschildchen aus dünnem Leder oder Papier aufkleben. Selbstverständlich wird der fantasievolle Bastler diese Anleitung entsprechend den jeweiligen Gegebenheiten modifizieren können.

Ein einfaches Rezept zur Fixierung teilweise oder ganz gelöster Rückenteile besteht übrigens darin, diese mit Stärkekleister oder Kunstharzleim zu bestreichen und mittels elastischer Binden, wie man sie in Apotheken als Verbandsmaterial kaufen kann, in der gewünschten Stellung zu fixieren.

Wesentlich heikler als derartige Einbandreparaturen sind entsprechende Arbeiten am Papier, zum Beispiel das Hinterlegen von Rissen, Löchern etc. Diese Arbeiten sollte man dem Fachmann überlassen, wenn man im Umgang mit Papier nicht einige Übung hat. Hier soll nur gesagt werden, wie man solche Reparaturen auf

Behelfsmäßige Reparatur stark beschädigter, wenig kostbarer Werke (Nummern siehe Text S. 229/30):

1.

2.

3.

4.

5.

6.

7.

keinen Fall ausführen darf: mit Klebstreifen oder durchsichtigem Alleskleber. Diese hinterlassen Schäden auf dem Papier, die auch durch eine spätere fachgerechte Restaurierung oft nicht mehr behoben werden können.

5. Die Ergänzung unvollständiger Bücher

Hat man doch einmal ein unvollständiges Buch erworben, wird man bestrebt sein, den fehlenden Text wenigstens durch Kopien zu ersetzen. Ohne damit eine Täuschungsabsicht zu verbinden, kann man versuchen, diese Ergänzungen möglichst unauffällig vorzunehmen, so daß der Gesamteindruck des Buches nicht gestört wird. Voraussetzung für eine Ergänzung ist natürlich, daß man die betreffenden Seiten oder Textstellen in einem kompletten Exemplar desselben Werkes, zum Beispiel in einer Bibliothek, gefunden hat und auf Normalpapier kopieren durfte; eine fotografische Reproduktion im Maßstab 1:1 wäre noch besser.

Statt nun diese meist schneeweißen Kopien in das unvollständige Exemplar zu legen, kann man in einer Fotokopieranstalt auf altem Papier, sofern dies von der Kopiermaschine akzeptiert wird, beidseitige Fotokopien von je zwei der Bibliothekskopien anfertigen, was heute ohne wesentliche Qualitätseinbuße möglich ist. Oder man verwendet statt eines alten Papieres ein passendes modernes Rippbütten-Papier, dem man anschließend durch ein Bad in stark verdünntem Kaffee oder Tee einen dem alten Papier ähnlichen Farbton verleihen kann.

Ob man die so gewonnenen Ergänzungsblätter in das Buch nur einlegen oder auch darin fixieren möchte, ist Geschmackssache. Im zweiten Fall sollte man jedoch nur die hinterste Kante des Papiers mit einem säurefreien, wieder lösbaren Leim bestreichen und anschließend das Blatt möglichst weit in das Buch hineinschieben, so daß es beim Blättern im Buch kaum stört. Falls man ein neues Papier verwendet und es wie beschrieben eingefärbt hat, empfiehlt es sich, dieses vor dem Einlegen oder -kleben mit einem transparenten Kunstharzlack, wie er als Lichtschutz für Fotografien verwendet wird, einzusprühen, um zu verhindern, daß die bei der Färbung in das Papier eingedrungenen Gerbstoffe mit den Jahren auf die Nachbarseiten einwirken und deren Papier anfärben oder gar beschädigen.

Wir sind damit am Ende unseres Exkurses in die ebenso alte wie zeitlose Welt der Bücherliebhaberei angelangt. Ich hoffe, dem Leser einige Kenntnisse vermittelt zu haben, die ihm für seine Sammeltätigkeit nützen und ihn gleichzeitig dazu ermuntern, auch einen Blick in die im Anhang aufgeführten Bücher zu werfen. Schließlich bleibt mir nur noch, dem Leser viel Glück zu wünschen, ohne welches auf die Dauer auch der kenntnisreichste und fleißigste Sammler nicht auskommen kann.

Anhang

A) 1. Römische Jahreszahlen

Lateinische Zahlsymbole:

M oder CI⊃	= 1000
D oder I⊃	= 500
C	= 100
L	= 50
X	= 10
V	= 5
IV oder iiij oder IIII	= 4
III oder iij	= 3
II oder ij	= 2
I oder i	= 1

(Die Schreibweise mit i und j statt I findet man häufig als Bogensignatur oder Seitenangabe.)

Beispiele:

MDCCCLXXViiij	= 1879
CI⊃I⊃CCCLXXIV	= 1874
CI⊃I⊃XV	= 1515
MCDXCIII	= 1493

2. Französische Jahreszahlen nach
der Revolution

Als Beginn einer neuen Zeitrechnung wählte man hier das Jahr
1792 = Jahr 1 oder »An 1« (An = frz. Jahr).

Diese Zeitrechnung findet sich in französischen Büchern bis zum
Jahre 1805 (An 14). Die gesuchte Jahreszahl nach Christi Geburt
erhält man, indem man zu der 1- oder 2stelligen Zahl nach dem
»An« den Wert 1791 hinzuzählt.

B) Einige häufige Papier- und Buchformate

Die alten Papierformate (und die entsprechenden Buchformate) sind vom Bogen abgeleitet, dessen Größe — je nach verwendetem Schöpfsieb — um 50 × 70 cm (Seitenverhältnis von ca. 3 : 4) betrug. Durch jeweilige Teilung bzw. Falzung quer zur längeren Seite erhält man daraus die folgenden Formate:

Bezeichnung	Abkürzungen	Maße in cm (ca.)
Folio	Fol.; 2°	50 × 35
Quart, Lexiconformat	4to; 4°	25 × 35
Octav	8vo; 8°	25 × 17,5
Sedez	16°	12,5 × 17,5

Durch jeweils dreifache statt zweifache Teilung bzw. Falzung entstehen folgende Formate:

Bezeichnung	Abkürzung	Maße in cm (ca.)
Duodez	12°	16 × 18
Octodez	18°	12 × 16
Vigesimoquart	24°	6 × 12

Da durch das Buchbinden und Beschneiden des Buchblocks jeweils etwas Papier verlorengeht, stimmen die Formate alter Bücher häufig nicht mehr mit den ursprünglichen Papierformaten überein; im Antiquariatsbuchhandel wurden daher Zwischengrößen wie »Kleinquart« (»kl. 4to« oder »kl. 4°«) oder »Großoctav« (»gr. 8vo« oder »gr. 8°«) eingeführt. Querformatige Bücher sind häufig durch ein »qu.« vor ihrer Formatangabe gekennzeichnet. Wo jede Formatangabe fehlt, liegt normalerweise das übliche Buchformat, Octav, vor.

C) Abkürzungen auf Stichen, Radierungen etc.

(meist am unteren Rand der Abbildung zu finden)

del.	delineavit	gezeichnet
édit.	éditeur	Herausgeber, Verleger
engr.	engraved	gestochen
etch.	etched	radiert
exc.	excudit	ausgeführt
fec.	fecit	gemacht
fig.	figuravit	dargestellt
grav.	gravé	gestochen
imp.	imprimavit	gedruckt
inv.	invenit	ausgedacht, erfunden
Lith.	Lithographit	Lithografiert
pinx.	pinxit	gemalt
rad.	radit	radiert
sc.	sculpsit	gestochen
xyl.	xylographit	in Holz gestochen
et	et	und

Da die oben angegebenen, auf -it endenden lateinischen Verbformen stets einer 3. Person Perfekt Aktiv entsprechen, muß man noch ein »hat« ergänzen. So heißt z. B. »Müller del. et. rad.« vollständig übersetzt: »(Dieses Bild) hat Müller gezeichnet und radiert«.

D) Einige wichtige Adressen

1. Bibliophile Gesellschaften

Deutschland und Österreich:

»Maximilian-Gesellschaft«
Dr. Ernst L. Hauswedell
Magdalenenstr. 8
D-2000 Hamburg 13

Schweiz:

»Schweizerische Bibliophilen-Gesellschaft«
Sekretariat:
Konrad Kahl
Wolfbachstr. 17
CH-8032 Zürich

2. Buchhändler- und Antiquarenverbände

Deutschland:

»Verband Deutscher Antiquare e. V.«
Leonhardsplatz 28
D-7000 Stuttgart 1

Österreich:

»Verband der Antiquare Österreichs«
Grünangergasse 4
A-1010 Wien 1

Schweiz:

»Vereinigung der Buchantiquare und Kupferstichhändler in der Schweiz«
Sekretariat:
Fr. H. Seger c/o L'Art Ancien S.A.
Signaustr. 6
CH-8008 Zürich

International:

»International League of Antiquarian Booksellers Ligue Internationale de la Librairie Ancienne« (ILAB/LILA)
Ihr sind auch die drei obengenannten Landesverbände angeschlossen, deren Sekretariate als Kontaktadressen dienen.

Signet der »International League of Antiquarian Booksellers« (= ILAB)

E) Ein- und Ausfuhrbestimmungen für Bücher

Belgien

Einfuhr: Kein Zoll, 6 % MWSt.
Ausfuhr: Keine Beschränkungen

Dänemark

Einfuhr: Kein Zoll, 20,25 % MWSt.
Ausfuhr: Keine Beschränkungen

Deutschland (BRD)

Einfuhr: Kein Zoll, 6,5 % MWSt.
Ausfuhr: Keine Beschränkungen

Frankreich

Einfuhr: Kein Zoll, 7 % MWSt. auf den Rechnungsbetrag bei der
          Einfuhr nach Frankreich
Ausfuhr: Für über 100 Jahre alte Bücher wird kein Zoll erhoben.
          Bei Post- oder Bahnfrachtsendungen im Wert von mehr
          als 10 000 FF ist eine Ausfuhrdeklaration und ein Rech-
          nungsdoppel erforderlich; bei Transporten auf dem See-
          weg oder auf der Straße liegt das entsprechende Wert-
          limit bei 5000 FF.
          (Werke von nationalem Interesse dürfen nur mit beson-
          derer Genehmigung, z. B. der Bibliothèque Nationale,
          ausgeführt werden; Anm. d. Verf.)

Großbritannien

Einfuhr: Kein Zoll
Ausfuhr: Kein Zoll, keine Beschränkung für Bücher, die weniger
          als 100 Jahre alt oder weniger als 8000 £ wert sind. Teure-
          re oder ältere Bücher bedürfen einer Ausfuhrlizenz; wird
          diese Genehmigung verweigert, muß innerhalb nützli-
          cher Frist ein britisches Kaufangebot folgen, andern-
          falls die Bücher ausgeführt werden dürfen. Unabhän-
          gig vom Wert darf jedes Buch ausgeführt werden, das
          nachweislich innerhalb der letzten 50 Jahre eingeführt
          wurde.

Italien

Einfuhr: Kein Zoll, 6 % MWSt.

Ausfuhr: Bücher, die vor 1550 entstanden, sowie besonders wertvolle oder seltene Bücher, die älter als 50 Jahre (Kategorie 1) sind, benötigen eine behördliche Ausfuhrgenehmigung. Erfolgt die Ausfuhr in ein Nicht-EG-Land, wird
auf solche Bücher eine Steuer erhoben.
Bücher ohne besonderen Wert (Kategorie 2) können uneingeschränkt ausgeführt werden, ihr Export unter-
steht jedoch behördlicher Aufsicht.
Bücher, die jünger als 50 Jahre (Kategorie 3) sind, können
uneingeschränkt ausgeführt werden.

Kanada

Einfuhr: Kein Zoll auf Bücher, die mehr als 12 Jahre alt sind.

Ausfuhr: Grundsätzlich kein Ausfuhrzoll. Bücher, die mehr als
2000 $ wert sind und länger als 35 Jahre in Kanada wa-
ren, benötigen jedoch eine Ausfuhrlizenz.

Niederlande

Einfuhr: Kein Zoll, 4 % MWSt., zahlbar bei der Einfuhr

Ausfuhr: Keine Beschränkungen

Österreich

Einfuhr: Kein Zoll, 8 % MWSt. für Bücher, die jünger als 100 Jahre sind.

Ausfuhr: Grundsätzlich kein Zoll; Inkunabeln, vor 1700 gedruckte
Musikwerke und Atlanten, vor 1800 gedruckte illustrierte Werke, deren Illustrationen mehr als ein Drittel des Werkes ausmachen oder die mehr als 2500 Schil-
ling pro Band wert sind, sowie Bücher, die vor 1800 innerhalb der heutigen Grenzen Österreichs gedruckt
wurden, erfordern eine Ausfuhrgenehmigung des Bun-
desdenkmalamtes.

Schweden

Einfuhr: Kein Zoll, 20,63 % MWSt., außer für Ansichts- und Ge-
schenksendungen.

Ausfuhr: Keine Ausfuhrbeschränkungen, außer für Werke von

kultureller Bedeutung für Schweden, welche eine Ausfuhrgenehmigung erfordern.

Schweiz

Einfuhr: Kein Zoll
Ausfuhr: Keine Beschränkungen

USA

Einfuhr: Kein Zoll, jede Sendung im Werte von mehr als 250 $
muß formell geprüft und deklariert werden.
Ausfuhr: Keine Beschränkungen

Diese Angaben wurden nach der von der ILAB herausgegebenen
Broschüre »Compendium of Export and Import Regulations in the
Countries united in the International League of Antiquarian Booksellers«, die noch weitere Angaben, insbesondere bezogen auf Manuskripte und Grafik, enthält, zitiert.

F) Benutzte und weiterführende Literatur

Das nachfolgende Literaturverzeichnis gliedert sich in zwei Teile,

Teil I   Weiterführende und z. T. in dem vorliegenden Buch zitierte
Werke zu den verschiedenen Themenkreisen, wobei auf
eine besondere Kennzeichnung aller hier verwendeten
Werke verzichtet wurde.
Teil II Ausgewählte Bibliografien und Sammelgebiete

Für beide Teile gilt, daß sie keinesfalls den Anspruch erheben, vollständig zu sein. Ferner ist zu berücksichtigen, daß viele der angegebenen Bücher bereits vergriffen sind und möglicherweise nur
noch als Reprint oder antiquarisch erhältlich, bzw. in Bibliotheken
einsehbar sind. Im Zweifelsfalle erkundige man sich stets, ob ein
bestimmtes Werk auch als Reprint erschienen ist. Die Werke, die zu
einzelnen Sammelgebieten gehören, wurden zu Beginn der jeweiligen Bibliographienliste, also in Teil II, aufgenommen.

I

1. Bibliophilie, Geschichte der Buchdruckerei und allgemeine Buchkunde

Schottenloher, Karl: »Das alte Buch«; (Bibliothek für Kunst- und Antiquitätenfreunde Bd. XIV); 3. Aufl. Klinkhardt und Biermann, Braunschweig, 1956

Funke, Fritz: »Buchkunde«; Verlag Dokumentation, München-Pullach, 1969

Steinberg, S. H.: »Die schwarze Kunst, 500 Jahre Buchdruck«; Prestel Verlag, München, 1958 (englische Originalausgabe: »Five Hundred Years of Printing«, Penguin Books, 1955 and 1961)

Barge, Hermann: »Geschichte der Buchdruckerkunst von ihren Anfängen bis zur Gegenwart«; Philipp Reclam jun., Leipzig, 1940

Faulmann, Karl: »Illustrierte Geschichte der Buchdruckerkunst (mit besonderer Berücksichtigung ihrer technischen Entwicklung bis zur Gegenwart)«; A. Hartlebens Verlag, Wien 1882

Loeffler, Karl und Kirchner, Joachim: »Lexikon des gesamten Buchwesens«; 3 Bde.; Verlag Karl W. Hirsemann, Leipzig, 1935

Ruppel, Aloys: »Johannes Gutenberg, sein Leben und sein Werk«; 2. Aufl.; Verlag Gebrüder Mann, Berlin, 1947
(Ein kleiner Auszug aus diesem Standardwerk erschien 1957 im Reta Baumann Verlag, Bayreuth unter dem Titel »Gutenberg«).

Ferner sei der historisch interessierte Leser noch auf die zahlreichen »Veröffentlichungen der Gutenberggesellschaft« zu Fragen des Buchwesens, insbesondere der Frühdruckzeit, hingewiesen.

Bücherliebhaberei

Mühlebrecht: »Die Bücherliebhaberei in ihrer Entwicklung bis zum Ende des XIX Jh.«; Verlag von Velhagen und Klasing, Bielefeld und Leipzig, 1898

Bogeng, G. A.: »Die großen Bibliophilen. Geschichte der Büchersammler und ihrer Sammlungen.«; 3 Bde.; Leipzig, 1922

Willma, Johannes: »Bücherfreunde, Büchernarren«; Otto Harrassowitz, Wiesbaden, 1978

Zeitschriften und Jahrbücher

»Philobiblon«; Zeitschrift der Maximilian-Gesellschaft (Adresse in
   Anhang D)
»Librarium«; Zeitschrift der Schweizerischen Bibliophilen-Gesellschaft (Adresse in Anhang D)
»Aus dem Antiquariat«; monatliche Fachbeilage zum »Börsenblatt
   für den Deutschen Buchhandel«; Verlag der Buchhändlerverei-
   nigungen, Großer Hirschengraben 17—21, D-6 Frankfurt 1
   (auch separat abonnierbar)
»Gutenberg-Jahrbücher«, hrsg. von Aloys Ruppel, Verlag der Gutenberggesellschaft, Mainz

2. Buchherstellung: Typografie, Druck, Papier, Einband

Zürcher, Georges: »Allgemeine Berufskunde für Buchdrucker«;
   6. Aufl.; F-Z-F Verlag, Bern, 1960
Kaper, Albert und Schiller, Walter: »Gestalt und Funktion der Typo-
   grafie«; VEB Fachbuchverlag, Leipzig, 1977
Morison, Stanley: »Typenformen der Vergangenheit und Neuzeit«;
   Demeter Verlag, Hellerau, 1928
Tschichold, Jan: »Geschichte der Schrift in Bildern«; Hamburg, 1941
Wolf, Hans-Jürgen: »Geschichte der Druckpressen«; Interprint,
   Frankfurt, 1974 (Umfassende Darstellung, einschließlich Bild-
   druckverfahren)
Hussmann, Heinrich: »Über das Buch«; Guido Pressler Verlag, Wies-
   baden, 1968 (ungewöhnliche, aber einprägsame bildliche Dar-
   stellungen)

Papierkunde

Bockwitz, Hans H · »Zur Kulturgeschichte des Papiers«; Sonder-
   druck aus »Die Chronik der Feldmühle«, Stettin, 1935
Hoyer, Fritz: »Einführung in die Papierkunde«; Leipzig, 1941
Weiss, K. Th.: »Handbuch der Wasserzeichenkunde«; Leipzig, 1962

Bucheinband

Helwig, Hellmut: »Handbuch der Einbandkunde«; 3 Bde., Hamburg,
   1953—55
Bogeng, G. A.: »Der Bucheinband«; Halle, 1950

Schauer, Georg Kurt: »Kleine Geschichte des deutschen Buch-
umschlages im 20. Jh.«; Hans Köster, Königstein im Taunus,
1962

3. Bilddruckverfahren

(siehe auch unter »Typografie und Buchdruck« und
»Allgemeine Buchkunde«)

Babendererde, Peter: »Dekorative Grafik, ein Handbuch für Sammler und Liebhaber«; Klinkhardt und Biermann, Braunschweig,
1968 (Umfassendes Handbuch aller Techniken mit ausführlichen Unterscheidungsanweisungen)
Gerlach, M. (Hrsg.): »Das alte Buch und seine Ausstattung vom
15. bis 19. Jahrhundert«; (Die Quelle, Mappe 13); Verlag Gerlach und Wiedling, Wien/Leipzig, 1915 (Reichhaltige Sammlung
verschiedenster Druckbeispiele)

4. Buchhandel, Adressen- und Preisverzeichnisse

Kuhnert, Ernst: »Geschichte des Buchhandels« (neu bearbeitet von
Hans Widmann); Separatdruck aus dem Handbuch der Biblio-
thekswissenschaft, Wiesbaden, 1952

Adressenverzeichnisse

»International Directory of Antiquarian Booksellers«, hrsg. von der
ILAB und zu beziehen durch den jeweiligen Landesverband,
siehe Anhang D. Enthält Adressen und Angabe von Spezial-
gebieten aller der ILAB (bzw. den Landesverbänden) ange-
schlossenen Buchhändler in 16 Ländern; erscheint alle
1—2 Jahre.
»Guide Emer«; (»Guide européen de l'amateur d'art, de l'antiquaire
et du bibliophile«), Teil 5 (nicht separat beziehbar) enthält
die Adressen aller (Antiquariats-)Buchhändler in Europa nach
Ländern und Städten geordnet, und zwar eher zu viele als zu
wenige.
Bezugsquellen für Deutschland und Österreich:
50, Rue-Quai de l'Hotel de Ville, F-75004 Paris

für die Schweiz:
M. R. Chevalley, 35 chemin de Pernessy, CH-1052 Le Mont s.
Lausanne
sowie in spezialisierten Kunstbuchhandlungen.

Wörterbuch

Hertzberger, Menno (Hrsg.): »Dictionary for the Antiquarian
Booktrade« (in Französisch, Englisch, Deutsch, Schwedisch,
Dänisch, Italienisch, Spanisch, Holländisch und Japanisch);
ILAB, o. O., 1978 (Bezugsquelle: siehe Adressenverzeichnis
der ILAB weiter oben)

Preisverzeichnisse

»Book Auction Record«; Dawson and Sons Ltd.; Cannon, Folks-
town, Kent; Großbritannien
»Jahrbuch der Auktionspreise für Bücher, Handschriften und Au-
tographen«; (Ergebnisse der Auktionen in Deutschland, Holland,
Österreich und der Schweiz); Dr. Ernst Hauswedell und Co.,
Hamburg
»Taschenbuch der Auktionspreise alter Bücher«; S. Radtke; Ver-
lag für Büchersammler, Postfach 1756, D-5100 Aachen

5. Katalogisierung sowie Instandsetzung und Restaurierung alter Bücher

Hacker, Rupert: »Bibliothekarisches Grundwissen«; UTB/Verlag
Dokumentation, München-Pullach, 1973
Schweidler, Max: »Die Instandsetzung von Kupferstichen, Zeich-
nungen, Büchern usw.«; Buchbinder-Verlag Max Hettler,
Stuttgart, 1950 (Vorzügliche, leicht lesbare Darstellung, je-
doch ganz auf die Behandlung von Papier und bedrucktem Per-
gament beschränkt)
Mühlethaler, Bruno: »Kleines Handbuch der Konservierungstech-
nik«; Verlag Paul Haupt, Bern und Stuttgart, 1967
(Behandelt, allerdings sehr knapp, auch die Reparatur von
Schäden an ledernen Einbänden).

II

1. Bibliografien allgemeiner und literarischer Werke

Schneider, Georg: »Handbuch der Bibliographie«; Verlag Karl W. Hiersemann, Leipzig, 1930

Brunet, Jaques-Charles: »Manuel du Libraire et de l'Amateur de Livres«; 8 Bde.; Paris, 1860

Deschamps, Pierre: »Dictionnaire de Geographie ancienne et moderne à l'usage du Libraire et de L'Amateur de Livres«; (Supplement au Brunet); Rosenkilde und Bagger, Kopenhagen, 1966—68 (Reprint)

Graesse J. G. Th.: »Trésor de livres rares et precieux«; 7 Bde.; Dresden, 1858—69

»Catalogue of the Library of Congress in Washington«; einsehbar in größeren Hochschulbibliotheken etc.

2. Inkunabeln und alte Drucke des 16. Jahrhunderts

(Die literarischen Drucke des 17.—19. Jahrhunderts sind größtenteils in den allgemeinen Bibliografien enthalten)

Gelder, Ferdinand: »Die deutschen Inkunabeldrucker«; (Ein Handbuch des deutschen Buchdrucks des 15. Jahrhunderts nach Druckorten; Bd. 1: deutschsprachige Gebiete; Bd. 2: fremdsprachige Gebiete); Anton Hiersemann, Stuttgart, 1968

Haebler, Konrad: »Handbuch der Inkunabelkunde«; Leipzig, 1925

Hain, Ludwig und Copinger, W. A. (Suppl.) und Reichling, D. (Append.): »Repertorium bibliographicum, in quo libri omnes ab arte typographica inventa usque ad annum 1500 typis expressi recensentur«; 4 Bde., Frankfurt, 1826—38; 2. Bde. Suppl. London, 1895—1902; 7 Bde. Append.; München 1904—1914 (Standardwerk)

Panzer, G. W.: »Annales typographici«; 11 Bde.; Nürnberg 1793 bis 1803

Proctor, Robert: »An index to the early printed Books in the British Museum«; 4 Bde.; London, 1898—1903

Goff, Frederick R.: »Incunabula in American Libraries«; Kraus Reprint, New York, 1973 (Handliches und erschwingliches Werk für den Inkunabelsammler)

British Museum: »Short Title Catalogue of Books printed in the German speaking countries and German Books printed in other Countries from 1455 to 1600, now in the British Museum«; (»BMC«); London, 1962 (Besonders für Sammler von Drucken des 16. Jahrhunderts sehr praktisch)

Adams, H. M.: »Catalogue of Books printed on the Continent of Europe, 1501—1600 in Cambridge Libraries«; 2 Bde.; University Press, Cambridge, 1967 (Ebenfalls sehr praktisches Standardwerk über die Drucke des 16. Jahrhunderts)

3. Illustrierte Bücher

(siehe auch unter I, Bilddruckverfahren)

Hind, Arthur M.: »A History of Engraving and Etching from the 15th Century to the Year 1914«; Dover Publications, Inc., New York, 1963

Hind, Arthur M.: »An Introduction to a History of Woodcut«; 2 Bde.; Dover Publications, Inc., New York, 1963
(Beide Werke verfügen über sehr ausführliche Register, die sie auch für den Büchersammler unentbehrlich machen)

Butsch, Albert F.: »Handbook of Renaissance Ornament from Decorated Books«; Dover Publication Inc., New York, 1969
(Standardwerk über den Buchschmuck im 16. Jahrhundert; 1290 Abb. und übersetzter Text der vielzitierten deutschen Originalausgabe: »Die Bücherornamentik der Renaissance«, Leipzig, 1880)

An dieser Stelle sei auf die interessante Reihe von Nach- bzw. Neudrucken wichtiger kunsthistorischer und buchkundlicher Werke, die von Dover Publications Inc., New York, in sehr preiswerten Ausgaben erscheint, hingewiesen.

Kunze, Horst: »Geschichte der Buchillustration in Deutschland; das 15. Jahrhundert«; Insel-Verlag, Leipzig, 1975

Cohen, Henri. »Guide de l'amateur de livres à gravures du 18. siècle«; 6. Aufl., Paris, 1912

Winkler, Armin R.: »Die Frühzeit der deutschen Lithographie«; Prestel Verlag, München, 1975

Hofstätter, Hans H.: »Jugendstil Druckkunst«; R. Loewit, Wiesbaden, o. J.

4. Wissenschaft und Technik

Dannemann, Friedrich: »Die Naturwissenschaften in ihrer Entwicklung und in ihrem Zusammenhange«; 4 Bde.; Verlag von
Wilhelm Engelmann, Leipzig, 1920 (Praktisches Standardwerk
zur Geschichte der Wissenschaften mit ausführlichen Regi-
stern)

Poggendorf, J. C.: »Biographisch-literarisches Handwörterbuch zur
Geschichte der exacten Wissenschaften«; 2 Bde.; Amsterdam,
1965 (Reprint der Ausgabe von 1863)
(Dieses biografische Nachschlagewerk gibt auch über die verschiedenen Werke vieler Wissenschaftler und die Erscheinungsdaten Aufschluß; der »große Poggendorf«, die weitergeführte Ausgabe, ist sehr umfangreich und in technisch-wissen-
schaftlichen Bibliotheken einzusehen).

»Printing and the Mind of Man«; Ausstellungskatalog des Britischen Museums; London, 1963

»Printing and the Progress of Man«; Katalogreihe des Antiquariates Interlibrum, (Schloßstr. 6, FL-9490 Vaduz, Liechten-
stein), ab 1975

Ferguson: »Bibliotheca chemica«; 2 Bde.; Glasgow, 1906

Duveen: »Bibliotheca alchemica and chemica«; London/New York,
1949/53

British Museum: »Catalogue of Book on natural History«; 8 Bde.;
London, o. J.

Smith: »Rara Mathematica«; 2 Bde.; Boston, 1908—1939

Medizin

Garrison and Morton: »Medical Bibliography, an annotated Check-
list of texts illustrating the history of Medecine«; London, 1954

»A Catalogue of Sixteenth Century printed Books in the National
Library of Medecine«; USA, 1967

Heilmann, Karl Eugen: »Kräuterbücher in Bild und Geschichte«;
Verlag Konrad Kölbl, München-Allach, 1973

5. Verschiedene Sammelgebiete

Musik

Eitner, Robert: »Biographisches und Bibliographisches Quellen-Lexicon der Musiker und Musikgelehrten«; 10 Bde.; Berlin, 1900—1904

Riemann, Hugo: »Notenschrift und Notendruck; Bibliographisch-Typographische Studie«; (Festschrift zur 50-Jahrfeier der Firma C. G. Röder); Leipzig, 1896

Okkulta

Caillet: »Manuel bibliographique des sciences occultes«; Paris, 1912

Lexika

Lenz, Werner: »Kleine Geschichte großer Lexika«; Bertelsmann, Gütersloh, 1974

Zischka, G. A.: »Index Lexicorum«; Bibliographie der lexikalischen Nachschlagewerke; Wien, 1959

Kinderbücher

Gumuchdian: »Les Livres de l'Enfance«; 2 Bde; 1930

Almanache

»Hehres & Triviales«; 10 Bde. (inkl. Register); Antiquariatskatalog-reihe von Gunnar Kaldewey; Isestr. 121, D-2000 Hamburg 13, 1977/78

Erotika und Kuriosa

Pisanus Fraxi (= Henry S. Ashbee); »Notes on Curious and Uncommon Books«; 3 Bde.; London, 1960 (Reprint der Ausgabe von 1885)

Martin, John: »Bibliographical Catalogue of privately printed Books«; London, 1845

Sach- und Namenregister

254